浙江省普通高校"十三五"新形态教材
企业人力资源管理实验实践系列新形态教材

企业人员招聘与选拔技能训练

主编 郭如平 蒋定福

浙江大学出版社
ZHEJIANG UNIVERSITY PRESS
·杭州·

图书在版编目（CIP）数据

企业人员招聘与选拔技能训练 / 郭如平，蒋定福主编. -- 杭州：浙江大学出版社，2024.5
ISBN 978-7-308-24982-9

Ⅰ．①企… Ⅱ．①郭… ②蒋… Ⅲ．①企业管理—人事管理 Ⅳ．①F272.92

中国国家版本馆CIP数据核字(2024)第099154号

企业人员招聘与选拔技能训练

QIYE RENYUAN ZHAOPIN YU XUANBA JINENG XUNLIAN

郭如平　蒋定福　主　编

责任编辑	赵　钰　汪荣丽
责任校对	高士吟
封面设计	林智广告
出版发行	浙江大学出版社
	（杭州市天目山路148号　邮政编码310007）
	（网址：http://www.zjupress.com）
排　　版	杭州林智广告有限公司
印　　刷	杭州捷派印务有限公司
开　　本	787mm×1092mm　1/16
印　　张	10.25
字　　数	243千
版 印 次	2024年5月第1版　2024年5月第1次印刷
书　　号	ISBN 978-7-308-24982-9
定　　价	45.00元

版权所有　侵权必究　　印装差错　负责调换

浙江大学出版社市场运营中心联系方式：(0571) 88925591；http://zjdxcbs.tmall.com

FOREWORD 前　言

党的二十大报告明确提出，"必须坚持科技是第一生产力、人才是第一资源、创新是第一动力"，强调深入实施科教兴国战略、人才强国战略和创新驱动发展战略，为新时代的人才工作指明了方向。企业作为经济发展的主体，肩负着落实国家人才战略的重要使命。人才，作为企业发展的核心驱动力，其质量直接关系到企业的兴衰成败。作为企业人力资源管理的核心环节，招聘与选拔工作肩负着为企业输送高素质人才、推动企业高质量发展的重任。只有不断优化人才招聘与选拔机制，才能吸引和留住更多优秀人才，为企业的创新发展注入源源不断的动力，进而为实现中华民族伟大复兴的中国梦贡献力量。

《企业人员招聘与选拔技能训练》为浙江省普通高校"十三五"新形态教材建设项目，也是2020年教育部产学合作协同育人项目"基于SPOC的人力资源数据管理与应用师资培训课程模式研究"成果之一。教材中配套纸质内容的数字资源，以二维码为载体，融入视频、音频、在线模拟软件等多种教学资源，体现了新形态教材的特征。教材编写坚持人才是第一资源、创新驱动发展、实践出真知的发展理念，以专业人才培养目标与课程教学目标为出发点，以企业对招聘管理工作者的知识、能力和素养的需求为着力点进行内容设计。在学习《企业人员招聘与选拔技能训练》时，学生可以运用人力资源管理专业知识，融合经济学、管理学、心理学等多学科理论，组织策划并实施招聘活动，这有助于学生巩固专业知识，深化理论学习。本教材为学生提供了线上模拟训练与线下拓展训练相结合的实训场景，这有助于培养与提升学生的实践能力与专业技能。本教材能够帮助学生在招聘活动实践中形成诚实、公正、尊重人才、勇于担当等品德素质，通过小组学习培养团队合作精神，通过实战训练培养创新能力和创新思维，从而有助于学生综合素养的培育与养成。

本教材由嘉兴大学郭如平副教授与嘉兴大学蒋定福教授共同编写，

全书共分为9章。第1章阐述了企业人员招聘与选拔技能训练的现实意义、企业人员招聘与选拔技能训练的内容设计，介绍了企业人员招聘与选拔技能基础训练背景资料、企业人员招聘与选拔技能综合训练运营规则。第2章介绍了企业人员招聘与选拔技能训练依托的线上模拟训练系统的基本情况、模块构成及操作说明。第3章至第8章为企业人员招聘与选拔技能基础训练，通过线上模拟训练与线下拓展训练相结合的方式，对企业人员招聘与选拔的每一个环节进行针对性训练。内容依次为第3章招聘需求分析、第4章招聘方案设计、第5章人员招募、第6章人员选拔、第7章人员录用、第8章招聘评估。第9章为综合训练，是将各模块串联起来对企业的招聘与甄选活动进行系统、连贯的实战训练。

需要说明的是，本教材所用实训系统由浙江精创教育科技有限公司提供，扫码可查看网址。如教师需在教学中演示，可拨打二维码中的电话号码申请试用账号。

本教材可作为高校人力资源管理专业"招聘与甄选"课程教学的配套教材，也可作为相关实训软件以及培训课程的参考用书。本教材在编写过程中得到了嘉兴大学经济管理国家级实验教学示范中心，以及浙江精创教育科技有限公司的很多内部资料，获得了浙江大学出版社编校人员的大力支持，在此一并表示由衷的谢意。本教材在编写过程中还参考和借鉴了国内外专家学者和研究机构的著作、期刊、研究报告以及相关线上资源，对此编者不胜感激。由于编写时间仓促，加之编者水平有限，教材中难免存在一些问题。不足之处，敬请各位专家、同仁、读者批评指正。

编　者
2024 年 4 月

实训系统网址

目　录

CONTENTS

第1章　导　论　　1
 1.1　企业人员招聘与选拔技能训练的现实意义 …………………… 1
 1.2　企业人员招聘与选拔技能训练的内容设计 …………………… 2
 1.3　企业人员招聘与选拔技能基础训练背景资料 ………………… 4
 1.4　企业人员招聘与选拔技能综合训练运营规则 ………………… 9

第2章　实训系统介绍　　22
 2.1　实训系统基本情况 ………………………………………………… 22
 2.2　实训系统模块构成 ………………………………………………… 23
 2.3　实训系统操作说明 ………………………………………………… 25

第3章　招聘需求分析　　37
 3.1　人力资源需求预测 ………………………………………………… 38
 3.2　岗位分析 …………………………………………………………… 44

第4章　招聘方案设计　　55
 4.1　招聘需求确认 ……………………………………………………… 56
 4.2　招聘信息明确 ……………………………………………………… 60
 4.3　招聘流程安排 ……………………………………………………… 64
 4.4　招聘费用预算 ……………………………………………………… 67

第5章　人员招募　　73
 5.1　招聘广告设计 ……………………………………………………… 74
 5.2　招聘渠道策略选择 ………………………………………………… 77

第6章 人员选拔　　84

6.1 简历筛选 …… 85
6.2 笔　试 …… 89
6.3 面　试 …… 93
6.4 评价中心 …… 101

第7章 人员录用　　115

7.1 背景调查 …… 116
7.2 撰写录用通知 …… 121
7.3 办理入职手续 …… 124
7.4 入职培训 …… 126

第8章 招聘评估　　133

8.1 招聘渠道评估 …… 134
8.2 招聘数量与质量评估 …… 137

第9章 综合训练　　141

9.1 岗位编制 …… 143
9.2 岗位缺口分析 …… 143
9.3 制订招聘计划 …… 144
9.4 招聘费用预算及申请 …… 144
9.5 选择招聘人员 …… 145
9.6 人员选拔 …… 147
9.7 录用上岗 …… 148
9.8 晋　升 …… 149
9.9 工作轮换 …… 149
9.10 支付薪酬 …… 150
9.11 人员自然流失 …… 151
9.12 当月排名 …… 151
9.13 实训中的特殊情况处理 …… 152

参考文献　　155

第 1 章 导 论

1.1 企业人员招聘与选拔技能训练的现实意义

党的二十大报告强调:"人才是第一资源,创新是第一动力。"在企业发展中,人才是企业实现创新和发展的重要保障。人员招聘与选拔是企业人力资源管理的关键职能之一,是企业获取人才的重要途径。对于人力资源管理专业的学生来说,掌握企业人员招聘与选拔技能是其专业素养的重要组成部分。企业人员招聘与选拔技能训练通过创设训练场景,搭建训练平台,模拟企业招聘和选拔全过程,引导学生将所学理论应用到实际情境中,实现知行合一、知行并进,在人才培养、教学改革等方面具有很强的现实意义。

视频:招聘与选拔专业技能实训的意义

1.1.1 应用型人才培养的有利途径

1. 巩固专业知识

企业人员招聘与选拔需要综合运用多方面的知识和技能,包括心理学、管理学、法律法规等。在技能训练中,学生需要综合运用所学的专业知识,融合多学科知识,组织策划并实施招聘活动,评估候选人的能力和适应性,做出招聘录用决策等,这将有助于学生巩固和深化对专业知识的理解与应用。

2. 提升专业技能

企业人员招聘与选拔技能训练以企业现实中的招聘活动为背景,为学生提供了一个将理论知识应用于实际场景的机会,如招聘方案设计、简历筛选、面试组织与实施、人员录用等。通过线上模拟训练与线下拓展训练,学生能够深入理解理论知识,增强实际操作能力,进而有效提升专业技能。

3. 培育综合素养

企业人员招聘与选拔技能训练除了专业技能训练,还通过对教学方法的运用、教学场景的创设、教学活动的实施来锻炼学生的团队合作能力、人际沟通能力和应变能力，培养学生的创新能力与创新思维，引导学生在招聘活动实践中践行诚实守信、勇于担当、以人为本等重要的品德素质，以此培育学生的综合素养。

1.1.2 课程教学改革创新的有益探索

1. 创新教学方法

传统的教学方法往往是以教师为中心，学生被动接受知识。企业人员招聘与选拔技能训练遵循OBE（Outcome-Based Education，以结果为基础的教育）理念，以学生为中心，创新教学方法，创设教学场景，运用案例分析、项目实践、团队学习等手段，充分激发学生的主体意识，深度挖掘学生的自主探索精神。

2. 提升教学效果

传统的课程教学往往注重理论知识的传授，而忽视对学生实际操作能力的培养。企业人员招聘与选拔技能训练以企业人员招聘工作流程为主线，模拟真实的招聘场景，通过线上模拟训练与线下拓展训练，双管齐下，实现理论与实践的有机融合，全面提升教学效果。

3. 促进产教融合

企业人员招聘与选拔技能训练依托企业背景，让学生深入了解企业的人才需求和招聘流程，参与或者模拟企业的招聘项目，这种教学模式能够有效促进产教融合，符合新文科建设对课程教学改革的要求，有利于提高学生的就业竞争力。

1.2 企业人员招聘与选拔技能训练的内容设计

企业人员招聘与选拔技能训练以专业人才培养目标与课程教学目标为出发点，坚持立德树人、德育为先、以学生为中心、全面发展的新文科教育理念，以企业对招聘管理工作者的知识、能力和素养的需求为着力点，进行训练内容设计。企业人员招聘与选拔技能训练内容分为基础训练与综合训练两部分。

视频：企业人员招聘与选拔技能训练内容设计

1.2.1 基础训练

企业人员招聘与选拔技能训练的基础训练依托招聘与甄选专业技能实训系统中的基础教学模块完成。基础教学以背景案例为基础，训练内容包括招聘需求分析、招聘方案设计、人员招募、人员选拔、人员录用、招聘评估6个企业人员招聘与选拔的具体子活动，每一项子活动下设置若干实训任务。基础训练侧重对企业人员招聘与选拔的每一环节进行针对性训练。为了将理论与实践有机结合，基础训练部分在实训任务描述之后均有核心知识点作为支撑。在每一项子活动之后设置了相应的线下拓展训练项目，以弥补线上模拟训练的不

视频：企业人员招聘与选拔基础训练介绍

足。通过基础训练，加深学生对相关理论知识的理解与运用，并提升开展具体招聘与选拔工作的能力，培养良好的职业素养。基础训练内容构成如图 1-1 所示。

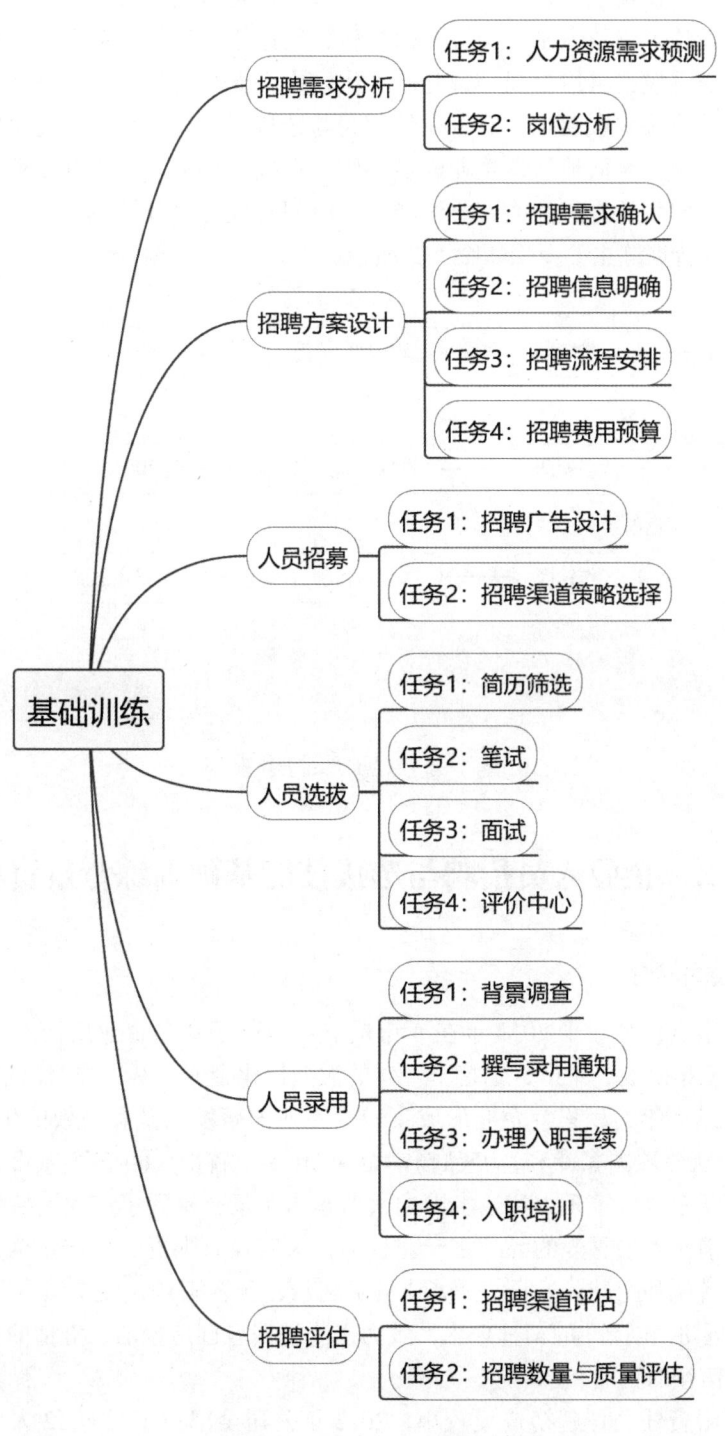

图 1-1　基础训练内容构成

1.2.2 综合训练

企业人员招聘与选拔技能训练的综合训练依托招聘与甄选专业技能实训系统中的实战系统模块完成。在实战系统模块中，以企业人员招聘与选拔的总流程为导引，引入沙盘模拟思想，设计了岗位编制、岗位缺口分析、制订招聘计划、费用预算与申请、选择招聘人员、人员选拔、录用上岗、晋升、工作轮换、支付薪酬、人员自然流失、当月排名等步骤，将各模块串联起来，对企业的招聘与选拔活动进行系统、连贯的实战训练，以使学生全面地认识企业人员招聘与选拔各环节，在提升专业技能的同时，培养学生的沟通能力、协作能力、时间管理能力及敏锐的市场意识与全局观。综合训练主要步骤如图1-2所示。

视频：企业人员招聘与选拔综合训练介绍

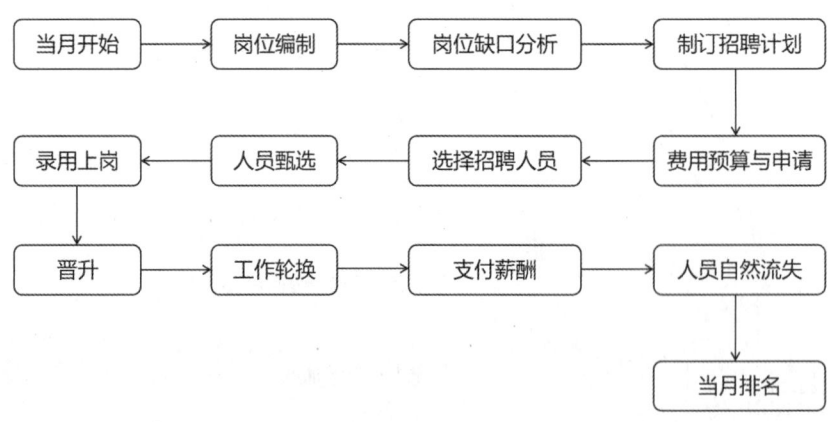

图1-2 综合训练主要步骤

1.3 企业人员招聘与选拔技能基础训练背景资料

1.3.1 公司简介

某实业有限责任公司于2012年在A市成立，坐落于众多企业集聚的A市B区滨江产业园，是一家集研发、生产、销售于一体的大型日化企业，其主要产品包括洗护用品、化妆品等。经过多年的积累，企业形成了较为专业的研发团队和高效的生产销售团队。30余个单品荣获两项国家专利，产品畅销全国20多个省份，60多个城市，并进驻世界商业零售巨头沃尔玛、家乐福和诸多国内大型超市市场，赢得了广大消费者的认可和信赖，日渐成为消费者最喜爱的品牌之一。目前，某实业有限责任公司正全力推进制造业升级、服务业转型和全球化发展，秉承"员工满意、顾客满意、股东满意"的企业宗旨，恪守"责任、坚韧、创新"的精神理念，致力于为消费者创造整洁、舒适的生活，成为全球值得尊重和信赖的企业。

某实业有限责任公司起初规模较小，2012年公司全部员工只有12人，年业绩不足

20万元，2013年经过调整之后，公司重新设置了组织架构和人员编制。组织架构经过重新调整后，公司业绩实现快速增长，截至2021年，公司业绩突破100万元。现某实业有限责任公司在总经办下设五个部门，分别为生产部、销售部、研发部、财务部和人事部，并在各部门分别设置经理、主管、专员岗位。通过该公司多年的生产经验得出，现每名生产专员年产量约500件，每名销售专员年销售收入约20万元，每两名研发专员一起合作能研发出1件产品。每4名生产专员需要配备1名人事专员和1名财务专员才能完成相应工作，每5名生产专员需要1名主管进行管理，每5名销售专员需要1名主管进行管理，每3名研发专员、人事专员、财务专员分别需要1名主管进行管理。公司2020年时计划2021年年产量达到10 000件，研发产品5款，销售部需完成销售额200万元。2021年初各部门人员编制情况如下：

总经办：编制1人，总经理1人；

生产部：编制25人，经理1人，主管4人，专员20人；

销售部：编制13人，经理1人，主管2人，专员10人；

研发部：编制14人，经理1人，主管3人，专员10人；

财务部：编制8人，经理1人，主管2人，专员5人；

人事部：编制8人，经理1人，主管2人，专员5人。

如今，某实业有限责任公司正迈入快速成长期，公司规模将进一步扩大，拟计划在2022年加大招聘力度，提高招聘质量。

1.3.2 人员需求

公司2021年实际产品产量为8 000件，销售部实现销售收入160万元，研发部研发出产品3款。年末有生产专员16人，研发专员6人，销售专员8人，人事专员4人，财务专员4人。有生产主管3人，研发主管2人，销售主管2人，人事主管1人，财务主管1人。公司总经理为1人，每个部门的部门经理各有1人。

预计2022年公司将增产4 000件，研发产品6款，销售额增加40%，生产率提高5%。（人员计算采取四舍五入）

根据某实业有限责任公司以往人员流动情况来看，每年公司内部人员数量都略有变动，其中2021年生产部、销售部及研发部主管将各退休1人，参照公司以往三年各部门的员工流失情况，预计2022年生产部和销售部员工将各流失其现有人数的30%，而人事部、财务部和研发部将各流失其现有人数的25%左右。

依据公司现有的岗位编制再结合公司2021年人员需求及流失的预测情况，公司急需填补生产部和销售部2位退休主管的职位空缺。除此之外，公司也需扩充各部门人员，从而尽可能按计划有效地完成2022年的各项目标。公司将此次招聘工作放在公司任务的首位，为此，人事部召开会议，讨论有关此次招聘的具体安排。公司拟在内部提拔1名人事专员为主管，拟提拔1名生产专员为主管。

对于各部门人员的招聘工作，某实业有限责任公司还是较有把握的。一个月前，公司刚刚完成了工作分析，人事部对各部门各岗位的具体情况再熟悉不过。为了更好地完成招聘工作，此次招聘工作负责人利用工作分析的成果，明确了销售、生产等部门的有关事项。

以销售专员和生产主管为例。销售专员的主要工作包括进行市场调查，收集产品市场信息，寻找潜在客户；根据安排，完成客户的调研开发工作；根据公司销售目标和计划，参与制定公司市场营销策略；执行公司营销策略，实施市场开拓任务；代表公司与客户洽谈业务、进行谈判，并签订销售合同；收集潜在客户和新客户的资料，为销售工作做准备；建立与维护客户关系，与重要客户保持密切联系。对销售专员的技能要求是具备对市场信息的快速反应能力、较强的分析与判断能力、谈判能力、发展维护人际关系能力，有良好的沟通技巧和说服能力。相对其他部门专员来说，销售部门需经常与客户打交道，因此销售专员应具备必要的行业知识，以专业的态度向客户传递必要的信息并让其产生深刻印象。

生产主管主要的工作要点是负责全面支持本部门的管理工作，配合上级做好生产计划排期并组织生产，做好生产现场管理，确保品质和效率。其主要岗位职责包括制订、组织并实施本部门年度工作计划，规划分配工作，及时掌握生产作业进度并完成组织生产目标；依照公司供应计划合理安排车间日生产计划，并统计生产工时及制作生产日报表；召集、主持生产会议，全面管理、协调生产工作；拟定和修改生产、设备、5S现场管理等各项管理制度，并检查制度的贯彻执行；负责员工的生产安全教育工作，贯彻实施工作规程，监督控制产品质量，保障生产安全；完成上级交办的其他工作。对生产主管的技能要求是具有丰富的洗护或家居用品生产知识，熟悉行业相关产品生产的工艺工序，具有较强的领导能力、沟通协调能力、管理能力和影响力，熟练操作办公软件。年龄最好在30～45岁，身体健康，具有奉献精神。其次，主管要通过监督、指导、反馈、获取资源、解决问题和交流沟通，提高下属的胜任能力，从而高效开展工作；能够很好地建立下属、上司和相关部门坦率交流与相互信任的合作关系。

1.3.3　招聘计划与预算

2022年，某实业有限责任公司计划通过外部招聘方式扩大企业人员规模，且公司为了确保企业内部员工工作素质水平，拟在外部招聘时提高任职要求。主管以上应聘者学历要求在本科以上，专员应聘者要求专科以上相关专业毕业，以有相关工作经验者优先。对于薪资待遇，主管级别试用期月工资4 000元，试用期限一般为3个月，转正月工资7 000～9 000元不等；专员级试用期月工资3 000元，试用期限一般为2个月，转正月工资4 000～5 500元不等。

此次招聘将打破往年以传统媒体招聘为主、其他招聘方式为辅的招聘模式，更加注重时下流行的新型招聘方式，如网络招聘、校园招聘等，并投入相应的人力、物力和财力。从3月开始，某实业有限责任公司的人事部将会前往一些高校进行校园招聘，开办一些求职讲座，向应届毕业生宣传企业的文化，传达企业愿与这些即将踏入社会的人才共同发展、共同进步的理念，招聘一些高校毕业生加入本公司，为公司注入一些新鲜血液。并且会在各大人才网上定期更新一些招聘信息，定期组织开展线下招聘会和人才交流的活动，吸引求职者前来应聘。另外，企业依旧会划拨一些资金通过广告媒体等其他外部渠道吸引优秀人才。

仅2021年，公司就开展了3次校园招聘、4次大型人才交流活动，多次在报纸等媒体上发布招聘广告，以及定期在求职网上更新招聘信息等。这些活动共计花费4万余元，另支付招聘物资和其他相关费用1万余元，其中包括广告及宣传费用7 500元、话务费用1 000元、办公用品费用800元、面试组成员费用1 000元、面试接待费用300元、其他相关费用约1 500元。人员录用成本费用共计6万余元，该项费用支出主要包括人员录用期间的各种成本，如人员录用期考核成本费用800元、人员试用期工资成本费用5万元、人员培训费用4 500元、其他相关费用5 000元。由于2022年公司要扩大生产规模，人事部也对这次人员招聘所花的费用作了大概的估算，预计这次员工招聘的各项费用会提升25%左右。根据2021年的招聘费用使用情况，人事部整理出2022年招聘费用预算结果，提交财务部进行审核。

接下来，某实业有限责任公司在各大招聘网站上发布了招聘信息，招聘工作正式启动。为确保新员工的综合能力较高，企业计划对来应聘的人员进行多方面、多层次的笔试、面试考核，最终通过考核的人员将会进入公司进行培训，成为能够实现企业价值的优秀员工。

1.3.4 招聘实施与总结

2022年，通过人事部员工的努力和其他各个部门的协作，公司举办了数场大型招聘活动，在校园招聘、招聘网站、媒体等招聘平台上也都收到了较好的成果。截至2022年10月30日，公司负责招聘的人事主管对当年的招聘情况进行了简单的总结。公司花费近5万元开拓了校园招聘、人才交流会、网络信息发布等招聘渠道，吸引了众多应聘者的关注和咨询，其间公司共收到100余份简历，经过简单的简历筛选，其中有86人通过初审。某实业有限责任公司招聘情况如表1-1所示。

表1-1 某实业有限责任公司招聘情况

招聘渠道	成本费用/元	主动询问人数/人	收到简历数/份	通过初审筛选简历数/份
校园招聘	8 000	67	30	24
现场招聘会	10 500	60	45	39
网络招聘	13 000	25	13	10
媒体	5 500	12	8	5
其他渠道	9 500	11	8	8

接到通知来参加面试的人员中约有50人通过了面试，最终有25位面试者正式加入了某实业有限责任公司，成为该公司的员工。2022年25位入职者具体的情况如表1-2所示。

表1-2　2022年25位入职者具体的情况

序号	入职者姓名	入职时间	应聘岗位	信息来源	当前状态
1	周★	3月2日	生产专员	人才交流会	离职
2	李铁★	3月9日	生产专员	人才交流会	离职
3	柳★	3月12日	生产专员	人才交流会	转正
4	祁高★	3月12日	人事专员	人才交流会	转正
5	权小★	3月12日	生产专员	人才交流会	转正
6	白顾★	3月15日	研发专员	人才交流会	转正
7	常易★	3月15日	人事专员	人才交流会	转正
8	洪清★	3月15日	财务专员	招聘广告	转正
9	华★	4月8日	销售专员	招聘网站	已晋升
10	李★	4月11日	人事专员	招聘网站	转正
11	易★	4月11日	销售专员	其他方式	转正
12	金★	5月9日	研发主管	招聘网站	转正
13	李★	6月2日	财务专员	人才交流会	转正
14	丁思★	6月3日	销售专员	校园招聘	转正
15	方★	6月3日	生产专员	校园招聘	离职
16	宋凡★	6月3日	生产专员	校园招聘	转正
17	周治★	6月8日	研发主管	人才交流会	转正
18	葛★	6月20日	生产专员	校园招聘	转正
19	沈思★	6月20日	生产主管	招聘网站	转正
20	周★	6月20日	销售专员	招聘网站	已辞退
21	李凡★	7月14日	生产专员	人才交流会	转正
22	姚梓★	7月14日	生产主管	人才交流会	转正
23	戴★	8月10日	销售专员	人才交流会	试用期
24	魏亚★	9月3日	生产专员	招聘网站	试用期
25	江书★	9月22日	生产专员	其他方式	试用期

1.4 企业人员招聘与选拔技能综合训练运营规则

企业的正常运营是人、财、物等各方面运作和管理的综合作用结果。在综合训练中，将学生分为若干小组，每个小组基于招聘与甄选专业技能实训系统中的实战系统，按照系统设置的流程，以企业生产计划、研发计划、销售计划、员工能力、招聘计划，以及市场招聘渠道人才供应量等数据作为实战训练的企业运营背景，开展招聘与选拔工作。在实战训练中，各小组在人才获取方面存在一定的竞争关系，这符合现实中人才市场上的竞争特点。实训系统运用相同的评价标准对每个小组的招聘选拔活动的成效进行评价与排名。

1.4.1 企业初始状态

1. 财务状态

（1）初始资金

初始资金为企业第一周期期初运营的启动资金。企业初始资金为50万元。

（2）总资金

总资金是各企业所能支配的全部资金，用于招聘与选拔各环节的经费支出及薪酬支付。第一周期期初，总资金额度为初始资金额度，后期，总资金额度随着企业经营情况的变化而变化。

（3）招聘资金

招聘资金用于招聘与选拔活动的各项开支，由各小组根据招聘计划进行招聘经费预算与招聘经费申请。招聘资金包含在总资金中。

（4）薪酬支付

总资金扣除招聘资金之后的剩余资金可用于薪酬支付，实训系统根据各小组每个运营周期的人员配置情况自动进行薪酬支付。若剩余资金不足以支付薪酬，各小组可按规定申请融资，以维持企业运营。

2. 人力资源状态

（1）部门设置

企业设立了6个部门，分别为总经办、人事部、财务部、销售部、生产部、研发部；设立4类岗位级别，分别为总经理级、经理级、主管级、专员级。初始人员配置如表1-3所示。

表1-3 初始人员配置

（单位：人）

岗位级别	部门					
	总经办	人事部	财务部	销售部	生产部	研发部
总经理	1	—	—	—	—	—
经理	—	1	1	1	1	1

续表

岗位级别	部门					
	总经办	人事部	财务部	销售部	生产部	研发部
主管	—	2	2	2	4	2
专员	—	6	6	10	20	6

（2）初始工资

各类岗位初始月平均工资如表1-4所示。

表1-4　各类岗位初始月平均工资

（单位：元）

岗位级别	部门					
	总经办	人事部	财务部	销售部	生产部	研发部
总经理	33 200	—	—	—	—	—
经理	—	8 000	8 200	8 400	7 700	9 100
主管	—	5 800	6 000	6 100	5 600	6 600
专员	—	4 100	4 200	4 300	4 000	4 700

（3）人员效益

每个员工都将会为企业带来一定的贡献值，因此，系统为员工设置效益值以代替员工贡献值。人员效益受人员的综合能力影响，人员综合能力越高，效益值越高。

人员效益 = 综合能力 × 基础效益。

各类人员基础效益如表1-5所示，数值仅代表效益高低，无具体单位。

表1-5　各类人员基础效益

岗位级别	部门					
	总经办	人事部	财务部	销售部	生产部	研发部
总经理	664	—	—	—	—	—
经理	—	160	164	168	154	182
主管	—	116	120	122	112	132
专员	—	82	84	86	80	94

（4）综合能力

在企业里，工作出色的员工往往专业技能卓越、个人业绩突出，这是一种综合素质。因此，系统为各位人员设置了相应的专业能力、表达沟通能力、管理能力、判断决策能力、团队协作能力、创新能力、综合分析能力、职业素养8种能力，以考核人员的综合素养，即综合能力。

综合能力 = ∑（能力 × 相应比重）

总经理专业能力 =（人事管理能力 + 生产能力 + 研发能力 + 销售能力 + 财务管理能力）/5

其他岗位的专业能力为对应岗位的能力，如销售主管专业能力为销售能力，人事专员专业能力为人事能力。能力比重如表1-6所示。

表1-6 能力比重

（单位：%）

职位	能力							
	专业能力	表达沟通能力	管理能力	判断决策能力	团队协作能力	创新能力	综合分析能力	职业素养
经理	5	10	3	10	10	5	20	10
主管	10	10	20	15	15	10	10	10
专员	10	10	5	10	10	5	10	10

（5）管理幅度

管理幅度是指组织中管理人员能够直接有效指挥和领导下属的数量。由于管理人员受其精力、知识、经验等条件的限制，一旦管理人数超过管理幅度，就无法有效领导下级人员。表1-7中的主管和专员一行的数值分别是他们的上级（经理和主管）对应的管理下级的数量，这个数量不是一个固定值，而是一个范围，也就是经理和主管各自的管理幅度。

表1-7 各部门管理人员的管理幅度

（单位：人）

岗位级别	部门					
	总经办	人事部	财务部	销售部	生产部	研发部
总经理	1	—	—	—	—	—
经理	—	1	1	1	1	1
主管	—	1～3	1～3	2～5	2～6	1～3
专员	—	2～5	2～5	3～7	3～7	2～5

举例：人事部管理幅度为1个人事经理管理人事主管1～3人，1个人事主管管理人事专员2～5人。

3. 运营时间

实战训练的公司运营以月为周期，具体运营时间由教师根据课时来规划。

1.4.2 运营规则

1. 运营经费运作

（1）总收入

每月月初（除第一个月外），上月总收入将注入总资金中。

企业的收入主要来自销售商品、提供服务等，但在招聘与甄选专业技能实训系统中公司运营主要依赖于人员招聘与选拔，缩小了其他事务对公司运营的影响。因此本系统将企业收入来源设置为人员效益，即人员对企业的贡献度，总收入等于上一月企业所有人员产生的总效益。

（2）招聘费用

每月月初，经营者根据企业招聘战略，综合分析招聘计划、招聘渠道费用、人员甄选费等因素进行招聘费用预算。招聘费用预算时只对本月招聘选拔相关费用进行预估，员工薪酬等其他费用不包含在其中。

根据预算结果，申请招聘资金，招聘资金从总资金中扣除。当月招聘费用不足可以紧急申请。

（3）薪酬费用

每月月末根据岗位薪酬设定发放当月所有员工的薪酬。

薪酬费用从总资金中扣除。

（4）经费损失

当申请的招聘资金过多或过少时会产生经费损失。

①紧急申请：招聘期间当招聘资金不足时，可进行紧急经费的申请，但申请紧急经费会产生10%的紧急经费损失，计入招聘资金中。

紧急经费损失额＝紧急费用申请额×10%

②申请融资：模拟招聘期间当总资金不足时，可向教师申请融资。排名受融资影响，融资成功后，排名根据融资先后顺序从末尾往前排，后融资的排名在前。

③超额损失：当月结束，若剩余招聘资金超过本月招聘选拔实际花费总额的30%，超过部分按照10%的比例产生经费损失，计入招聘资金中。

超额损失费用＝（公司当月剩余招聘资金－招聘实际花费总额×30%）×10%

2. 招聘计划

（1）岗位编制

每月月初制订岗位编制表。岗位编制表包括各部门各个岗位当月需要的人员数量。通常而言，企业根据自身规模配置合理的人数。在本系统中，销售、生产、研发专员人数根据公司生产计划表和工作能力表确定。其中，各类专员的能力特指各自对应的专业能力。

公司各月度生产经营计划如表1-8所示。

表 1-8 公司各月度生产经营计划

时间	销售量/件	生产量/件	研发量/款
1月	1 020	1 850	858
2月	1 150	2 072	1 040
3月	1 496	2 220	1 170
4月	1 700	2 368	1 404
5月	1 972	2 442	1 482
6月	2 244	2 590	1 326
7月	2 380	2 738	1 560
8月	2 516	2 812	1 717
9月	2720	2960	1872
10月	2992	3108	1716
11月	2584	2812	1404
12月	2448	2664	1248

公司员工初始能力如表 1-9 所示。所有人员皆具有 8 种能力，包括专业能力（人事管理能力、生产能力、研发能力、销售能力、财务管理能力）、表达沟通能力、管理能力、判断决策能力、团队协作能力、创新能力、综合分析能力、职业素养。每个人的能力值都是不同的。

注：每月工作计划与员工创造的效益皆与人员的能力值大小有关，仅代表数值大小，无具体单位。

表 1-9 公司员工初始能力

姓名	职位	人事管理能力	生产能力	研发能力	销售能力	财务管理能力	表达沟通能力	管理能力	判断决策能力	团队协作能力	创新能力	综合分析能力	职业素养
YS	总经理	90	90	85	80	85	86	87	88	89	80	81	92
YRM1	人事经理	85	75	70	75	80	85	80	80	85	80	81	89
YRC1	人事主管	80	63	60	65	62	76	70	68	79	65	74	80
YRC2	人事主管	80	63	60	65	62	76	70	68	79	65	74	80
YSC1	生产主管	72	85	70	75	65	80	70	72	82	50	62	78
YSC2	生产主管	72	85	70	75	65	80	70	72	82	50	62	78
YSC3	生产主管	72	85	70	75	65	80	70	72	82	50	62	78
YSC4	生产主管	72	85	70	75	65	80	70	72	82	50	62	78

续表

姓名	职位	专业能力				表达沟通能力	管理能力	判断决策能力	团队协作能力	创新能力	综合分析能力	职业素养
		人事管理能力	生产能力	研发能力	销售能力	财务管理能力							
YCC1	财务主管	70	74	79	73	85	66	67	67	70	76	67	79
YCC2	财务主管	70	74	79	73	85	66	67	67	70	76	67	79
YXW1	销售专员	66	69	62	65	71	79	71	76	64	58	70	66
YXW2	销售专员	66	69	62	65	71	79	71	76	64	58	70	66
YXW3	销售专员	70	75	62	74	71	62	66	60	79	62	72	82
YXW4	销售专员	66	69	62	65	71	79	71	76	64	58	70	66
YXW5	销售专员	65	69	63	66	62	72	63	56	67	58	78	65
YXW6	销售专员	70	75	62	74	71	62	66	60	79	62	72	82
YXW7	销售专员	65	69	63	66	62	72	63	56	67	58	78	65
YXW8	销售专员	66	69	62	65	71	79	71	76	64	58	70	66
YXW9	销售专员	70	75	62	74	71	62	66	60	79	62	72	82
YXW10	销售专员	66	69	62	65	71	79	71	76	64	58	70	66
YRW1	人事专员	72	66	63	64	68	56	67	71	68	76	78	61
YRW2	人事专员	72	66	63	64	68	56	67	71	68	76	78	61
YRW3	人事专员	75	54	63	49	62	64	73	68	70	65	60	73
YRW4	人事专员	72	66	63	64	68	56	67	71	68	76	78	61
YRW5	人事专员	70	66	65	62	52	76	73	80	39	80	52	42
YRW6	人事专员	75	54	63	49	62	64	73	68	70	65	60	73
YXC1	销售主管	65	68	71	85	60	76	67	80	79	80	56	67
YXC2	销售主管	65	68	71	85	60	76	67	80	79	80	56	67
YXM1	销售经理	81	71	70	93	60	91	89	85	79	60	72	86
YSM1	生产经理	70	91	75	50	65	56	70	85	89	90	93	80
YCW1	财务专员	61	68	67	63	70	56	66	73	69	64	71	68
YCW2	财务专员	61	68	67	63	70	56	66	73	69	64	71	68
YCW3	财务专员	65	69	63	58	73	66	57	79	61	75	74	63
YCW4	财务专员	61	68	67	63	70	56	66	73	69	64	71	68
YCW5	财务专员	65	74	63	49	75	45	76	72	57	69	73	39
YCW6	财务专员	65	69	63	58	73	66	57	79	61	75	74	63
YYM1	研发经理	73	91	93	70	70	66	77	90	95	90	68	74
YSW1	生产专员	62	66	67	68	66	56	67	81	75	64	53	78

续表

姓名	职位	专业能力 人事管理能力	生产能力	研发能力	销售能力	财务管理能力	表达沟通能力	管理能力	判断决策能力	团队协作能力	创新能力	综合分析能力	职业素养
YSW2	生产专员	62	66	67	68	66	56	67	81	75	64	53	78
YSW3	生产专员	63	79	66	67	65	66	57	60	73	70	65	76
YSW4	生产专员	62	66	67	68	66	56	67	81	75	64	53	78
YSW5	生产专员	61	77	68	59	67	66	67	80	49	72	67	57
YSW6	生产专员	63	79	66	67	65	66	57	60	73	70	65	76
YSW7	生产专员	61	77	68	59	67	66	67	80	49	72	67	57
YSW8	生产专员	62	66	67	68	66	56	67	81	75	64	53	78
YSW9	生产专员	63	79	66	67	65	66	57	60	73	70	65	76
YSW10	生产专员	62	66	67	68	66	56	67	81	75	64	53	78
YSW11	生产专员	61	77	68	59	67	66	67	80	49	72	67	57
YSW12	生产专员	61	77	68	59	67	66	67	80	49	72	67	57
YSW13	生产专员	62	66	67	68	66	56	67	81	75	64	53	78
YSW14	生产专员	63	79	66	67	65	66	57	60	73	70	65	76
YSW15	生产专员	61	77	68	59	67	66	67	80	49	72	67	57
YSW16	生产专员	63	79	66	67	65	66	57	60	73	70	65	76
YSW17	生产专员	61	77	68	59	67	66	67	80	49	72	67	57
YSW18	生产专员	63	79	66	67	65	66	57	60	73	70	65	76
YSW19	生产专员	63	79	66	67	65	66	57	60	73	70	65	76
YSW20	生产专员	61	77	68	59	67	66	67	80	49	72	67	57
YCM1	财务经理	80	76	71	75	92	76	82	85	80	78	82	78
YYC1	研发主管	70	71	85	63	71	66	57	79	83	82	75	52
YYC2	研发主管	70	71	85	63	71	66	57	79	83	82	75	52
YYW1	研发专员	58	65	80	54	60	63	58	67	64	66	60	59
YYW2	研发专员	58	65	80	54	60	63	58	67	64	66	60	59
YYW3	研发专员	66	75	76	53	56	55	50	54	56	66	65	66
YYW4	研发专员	58	65	80	54	60	63	58	67	64	66	60	59
YYW5	研发专员	55	66	78	69	67	76	73	68	60	74	71	67
YYW6	研发专员	66	75	76	53	56	55	50	54	56	66	65	66

①专员类人员岗位编制计算。下面以销售人员为例，说明销售、生产、研发专员所需人数（岗位编制）的计算方法。

已知：1月份销售计划为1 020件，公司初始销售专员共计10名，销售专员初始能力如表1-10所示。求：1月份所需销售专员人数（岗位编制）。

表1-10 销售专员初始能力

姓名	职位	专业能力				
^	^	人事管理能力	生产能力	研发能力	销售能力	财务管理能力
YXW1	销售专员	66	69	62	65	71
YXW2	销售专员	66	69	62	65	71
YXW3	销售专员	70	75	62	74	71
YXW4	销售专员	66	69	62	65	71
YXW5	销售专员	65	69	63	66	62
YXW6	销售专员	70	75	62	74	71
YXW7	销售专员	65	69	63	66	62
YXW8	销售专员	66	69	62	65	71
YXW9	销售专员	70	75	62	74	71
YXW10	销售专员	66	69	62	65	71

计算：

按照效率定员法的思想，1月份销售专员人数

$$= \frac{月度销售计划}{销售专员平均销售能力} = \frac{1020}{(65+65+74+65+66+74+66+65+74+65) \div 10} \approx 15$$

按上述计算方法，可计算出1月份生产专员与研发专员所需人数（岗位编制）分别为：1月份生产专员所需人数（岗位编制）约为25人，1月份研发专员所需人数（岗位编制）约为11人。

组织内的人事工作与财务工作是重要的管理活动，与组织内的研发、生产、销售等各项职能工作相辅相成。其计算方法如下：

$$人事专员人数 = \frac{(销售专员人数+生产专员人数+研发专员人数)}{6}$$

$$财务专员人数 = \frac{(销售专员人数+研发专员人数+人事专员人数)}{6}$$

按上述规则计算：

1月份人事专员人数（岗位编制）$= \frac{(15+25+15)}{6} \approx 10$

1月份财务专员人数（岗位编制）$= \frac{(15+15+10)}{6} \approx 7$

②主管及经理类人员岗位编制计算。各部门主管及经理编制人数根据管理幅度确定，各部门管理人员的管理幅度如表1-7所示。

下面以人事部为例,说明主管与经理人员的岗位编制计算方式:

如表 1-7 所示,人事部管理幅度为 1 个人事经理管理人事主管 1～3 人,1 个人事主管管理人事专员 2～5 人。经计算,1 月份人事专员岗位编制为 10 人,求 1 月份人事主管与人事经理的岗位编制。

计算:

人事主管的岗位编制中,最少编制为 $\frac{10}{5}$ =2,最多编制为 $\frac{10}{2}$ =5。

具体需要几个人事主管,可以根据管理需要和组织结构来确定,例如,如果组织规模比较小,管理跨度较大,可能只需要人事主管 2 人就能有效管理 10 个人事专员;而如果组织规模较大,希望更精细的管理,则可能需要人事主管 5 人。此外,还需要考虑其他因素,如主管的工作负荷、团队的协作和沟通等。

人事经理的管理幅度为 1～3 个人事主管,如果按照人事主管的最少编制 2 人来计算,则需要的人事经理的数量可以按如下方式计算:

人事经理的编制中最少编制为 $\frac{2}{3}$ ≈0.67≈1,最多编制为 $\frac{2}{1}$ =2。

如果按照人事主管的最多编制 5 来计算,则需要的人事经理的数量可以按如下方式计算:

人事经理的编制中最少编制为 $\frac{5}{3}$ ≈1.67≈2,最多编制为 $\frac{5}{1}$ =5。

综合上面两种情况,该组织 1 月份人事经理的编制为 2～5 个。具体需要几个人事经理,同样受到组织规模、业务需求、组织结构等因素的影响。在一些较小的组织中,可能只需要一个人事经理来负责所有人力资源相关的事务。而在大型组织中,可能会有多个人事经理,他们可能会按职能、业务部门或地区进行分工。例如,一个大型企业可能有一个负责整体人力资源战略规划的人事经理,同时还有专门负责招聘、培训、绩效管理等方面的人事经理。此外,如果企业在不同地区或业务部门有独立的人力资源团队,那么每个团队可能都有自己的人事经理。实训时,学生小组依据实训系统提供的背景信息,结合本组对招聘战略的理解自行评估,并做出选择。

(2)缺口分析

每月月初,进行岗位缺口分析。结合本组织各部门各个岗位的编制人数,以及实际人数,确定各岗位人数的缺口量。

$$岗位缺口人数 = 编制人数 - 实际人数$$

(3)招聘计划表

每月月初,根据岗位缺口分析的结果,结合生产经营计划、人力资源规划、企业招聘成本等因素确定各个岗位计划招聘的人数,由系统生成招聘计划表。

3. 招聘与选拔

（1）人员招募

根据招聘计划，通过查看市场招聘渠道表选择企业需要招聘的岗位和人员数量。人员招募遵循如下规定。

①可在市场招聘渠道表中查看招聘渠道以及对应的人员供给情况，市场人员供给情况每月都会变化。

②选择要招聘的渠道，在不同渠道中投入费用参与招聘，在招聘过程中选择人员的时候需要对相应人员进行定岗。可以选择多个招聘渠道进入招聘。

③在不同市场中招聘只能招聘到各类专员与主管，经理级人员只能通过晋升渠道挖掘。

④不同的招聘渠道投入的招聘费用有不同的价格标准，招聘时需要支付渠道费用，不同渠道需要支付的费用不同。每个渠道可以重复进入，每月最多支付一次渠道费用。各渠道费用支付最低额如表 1-11 所示。

表 1-11 各渠道费用支付最低额

招聘渠道	最低费用/元	备注
校园招聘	5 000	支付渠道费用的多少将影响人员录用优先级，即费用高者有优先录用的资格。如花费相同，则比较提交时间，提交早的有优先录用权
现场招聘会	3 000	
网络招聘	1 000	
内部员工推荐	500	
报纸广告	1 000	
猎头招聘	20 000	

（2）人员选拔

人员选拔主要是对候选者的能力进行测量和评价。人员选拔时需要支付选拔费用，不同的选拔方式费用不同，各选拔方式费用如表 1-12 所示。

表 1-12 各选拔方式费用

选拔方式	费用/（元/人）	选拔方式	费用/（元/人）
笔试	50	管理游戏	500
面试	150	公文筐	300
心理测评	500	无领导小组	500
角色扮演	300	投射技术	500

不同的选拔方式测量和评价的能力也不同。同一个人可以通过多种选拔方式来测评其能力。没有经过人员选拔的应聘者不能进入录用名单中。各选拔方式对应的选拔能力

及其能力占比如表 1-13 所示。

表 1-13 各选拔方式对应的选拔能力及其能力占比

招聘渠道	选拔能力	占比
笔试	专业能力	60%
	综合分析能力	20%
	职业素养	20%
面试	表达沟通能力	50%
面试	综合分析能力	30%
	创新能力	20%
心理测评	团队协作能力	30%
	职业素养	30%
	创新能力	20%
	判断决策	20%
角色扮演	专业能力	20%
	管理能力	30%
	综合分析能力	40%
	职业素养	10%
管理游戏	团队协作能力	30%
	管理能力	30%
	决策判断能力	40%
公文筐	综合分析能力	40%
	管理能力	30%
	专业能力	30%
无领导小组	管理能力	50%
	综合分析能力	20%
	表达沟通能力	30%
投射技术	创新能力	50%
	表达沟通能力	30%
	职业素养	20%

4. 人员录用

通过比较选拔结果选择录用人员和录用岗位。人员录用遵循如下规定。

①录用主管时，主管的综合能力必须等于或高于 60。

②录用数量要符合人员管理幅度，专员或者主管的录用数量不能超过主管或者经理管理人数的最高限制。

③录用成功后可在员工能力表中查看应试者所有的能力值。

5. 人员晋升

根据人员能力和贡献度选择合适的人员晋升。人员晋升遵循如下规定。

①专员晋升到主管所有能力至少达到 60，主管晋升到经理所有能力至少达到 65。
②晋升后管理幅度不可低于该岗位所管理人数的下限，否则晋升受限。
③人员晋升需要支付晋升费用，费用为 400 元 / 人。
④人员晋升当月不改变员工的职位、薪酬等状态，次月员工职位、薪酬等发生变化。

6. 工作轮换

根据人员能力和贡献度选择合适的人员进行工作轮换。工作轮换遵循如下规定。

①同级别之间才能进行工作轮换。
②相关人员要达到其对应岗位专业能力的最低标准才能进行轮换。
③工作轮换需要支付轮换费用，费用为 200 元 / 人。

工作轮换最低能力标准如表 1-14 所示。

表 1-14 工作轮换最低能力标准

岗位	专业能力标准	备注
经理	80	工作轮换要符合人员管理幅度，否则不能进行工作轮换。岗位轮换当月不改变员工状态，次月员工职位发生变化
主管	65	
专员	50	

7. 人员流失

每月月末都会发生人员流失，流失率受到人员综合能力影响，综合能力越高的人员越容易流失。人员自然流失率如表 1-15 所示。

表 1-15 人员自然流失率

岗位	自然流失率
经理	5%
主管	8%
专员	10%

8. 取整规则

人员综合能力、人员效益结果保留 2 位小数；人员流失计算按四舍五入取整。

9. 评价标准

从人力资本投资回报率、预算准确率、招聘完成率三方面进行评价，人力资本投资回报率、预算准确率、招聘完成率按标准 T 分数转化计算，计算综合得分并排名。

综合得分（M）= $T1 \times 50\% + T2 \times 20\% + T3 \times 30\%$

标准 T 分数 $=20 \times Z+70$

Z 分数 =（原始分 平均值）/ 标准差

人力资本投资回报率（$M1$）= $\dfrac{\text{企业净利润}}{\text{招聘选拔费用总额}} \times 100\%$

企业净利润 = 总效益 − 渠道费用 − 人员选拔费用 −
晋升费用 − 轮岗费用 − 薪酬费用 − 经费损失

预算准确率（$M2$）= $1 - \dfrac{\text{实际支出费用} - \text{预算费用}}{\text{预算费用}} \times 100\%$

招聘完成率（$M3$）= $\dfrac{\text{当月入职人数}}{\text{计划招聘人数}} \times 100\%$

注：本系统将 $M1$、$M2$ 和 $M3$ 计算出来的原始分直接转化成服从均数为 70、标准差为 20 的正态分布的标准 T 分数。

巩固与提升

自测题目

延伸阅读

第2章 实训系统介绍

2.1 实训系统基本情况

2.1.1 实训系统概述

企业人员招聘与选拔技能训练以招聘与甄选专业技能实训系统为线上模拟训练平台。该实训系统以案例教学为主,并构建"基础教学+实战系统+学习中心"三位一体实训模式,对企业招聘与甄选活动进行实训演练,有效解决传统教学中理论与实践相脱离的问题。在基础教学模块,基于背景案例,指导学生完成招聘需求分析、招聘方案设计、人员招募、人员选拔、人员录用、招聘评估等实训项目,通过实训演练,加深学生对相关理论与知识的理解,同时能够正确、有效地开展企业人员招聘与选拔的相关工作。在实战系统模块,以企业人员招聘与选拔的总流程为导引,以对抗竞争的模式,将企业招聘与选拔各环节串联起来进行系统、连贯的实战训练,以使学生全面理解企业人员招聘与选拔活动,进一步提升专业技能,全面提升综合素养。

视频:招聘与选拔专业技能实训系统介绍

2.1.2 实训系统特点

招聘与甄选专业技能实训系统具有如下特点。

1. 三位一体学习模式

本系统采用"基础教学+实战系统+学习中心"三位一体的实训模式,对应理论知识学习、全流程模拟操作、课外资料引申提高,帮助学生快速学习招聘与选拔相关知识,提高招聘与选拔相关知识运用能力。

2. 案例教学为导向

本系统以真实案例为导向,将理论知识结合实际,提升了理论学习的趣味性,有利于提升学生对理论知识的运用能力。

3. 实践应用为核心

本系统围绕企业背景资料，以实战推演的方式，全景模拟企业招聘与选拔活动及问题解决过程，引导学生思考相关能力的现实意义。

4."团队合作"的学习模式

本系统采用团队合作的学习模式，自主设定成员角色，帮助学生体验不同角色对应的工作内容，加深学生对团队协作的理解。

5. 全面分析的实验报告

本系统实验报告内含学生操作解读分析，对学生操作行为进行全方位、多维度动态数据整合分析，帮助使用者分析学习过程中产生问题的原因。

6. 支持多教师多班级同时授课

支持多名教师多班交叉授课，可以满足课程安排上的个性化需求。

7. 过程自动记录

系统实时记录学生的填写情况以及经营决策和操作记录。

8. 数据实时生成

在演练过程中，学生完成当前操作后，各类数据实时生成。

9. 数据实时分析

课程教学中，学生上课情况多维度动态数据实时展示分析，教师和管理员可以通过教学管理端实时查询学生实训操作情况，了解操作进度以及运营进展情况，便于教师进行指导与分析点评。

10. 无值守操作

教师可实现模拟训练全程无须参与，由系统自主判断和进行，帮助教师留出更多时间与学生交流并指导。

2.2 实训系统模块构成

招聘与甄选专业技能实训系统包括管理员端、教师端、学生端三个模块。每一模块设置不同的栏目。

2.2.1 管理员端

管理员端包括教师管理、数据备份、学习中心、操作日志4个栏目。

1. 教师管理

在"教师管理"栏目，管理员对执行实训教学任务的所有教师账号进行管理，包括添加、编辑和删除教师账号。

2. 数据备份

在"数据备份"栏目，管理员可对整体系统数据进行管理，包括数据备份、数据还原和数据删除。

3. 学习中心

在"学习中心"栏目，管理员可对各类教学资源进行管理，管理员可以在此栏目新增文字资料和视频资料。

4. 操作日志

在"操作日志"栏目，管理员可查看教师和管理员的操作内容。

2.2.2 教师端

教师端包括教学任务管理、教学背景案例、实战系统参数、评分方案、实验得分、学习中心6个栏目。

1. 教学任务管理

在"教学任务管理"栏目，教师可以按照教学需要建立教学任务，也可删除教学任务、结束教学任务等。在该栏目，教师可以查看每个学生在基础教学、实战系统中的详细数据，还可以下载实验报告。

2. 教学背景案例

在"教学背景案例"栏目，教师可以对教学背景案例进行管理。系统提供了各类教学背景案例，教师可以查看、复制教学背景案例，可以对已有的教学背景案例进行编辑，同时还可以上传新的教学背景案例。

3. 实战系统参数

在"实战系统参数"栏目，教师可以对系统参数进行管理。系统参数包含实战系统中所涉及的各种参数，如岗位流失率、薪资水平、基础效益、初始人数、生产计划和市场人数等，系统有事先设置的参数，教师也可根据教学需要新建或者修改各类参数。

4. 评分方案

在"评分方案"栏目，教师可以对实训评分方案进行管理。教师既可查看系统默认的评分方案，也可以根据教学需要新建评分方案。

5. 实验得分

在"实验得分"栏目，教师可以对学生在实验过程中的各项得分与相关实验数据进行查看与下载。

6. 学习中心

在"学习中心"栏目，教师可以对教学资源进行管理，教师可以在此栏目新增文字资料、视频资料等，供学生自主学习使用。

2.2.3 学生端

学生端包括基础教学、实战系统、学习中心 3 个栏目。

1. 基础教学

在"基础教学"栏目，学生根据教师设置的教学任务，结合案例背景完成招聘需求分析、招聘方案设计、人员招募、人员选拔、人员录用、招聘评估等基础训练。

2. 实战系统

在"实战系统"栏目，学生以小组为单位组建公司，各公司之间存在竞争性。学生根据背景资料，通过对本公司及竞争对手数据的分析，制定人力资源管理中人员招聘的各项管理决策，提升人才价值，实现公司经营目标。

3. 学习中心

在"学习中心"栏目，系统资料库中存有大量招聘与选拔的相关资料方便师生浏览。学生也可在该栏目查看教师上传的各类教学资料，自主学习。

2.3 实训系统操作说明

2.3.1 管理员端操作

管理员在浏览器的地址栏中输入实训系统的网址（本教材的"实训系统网址"可在前言二维码中查看），进入实训系统登录界面，选中"管理员"，输入管理员账号的用户名称和密码，单击"登录"，即可进入管理员端。管理员端登录界面如图 2-1 所示。

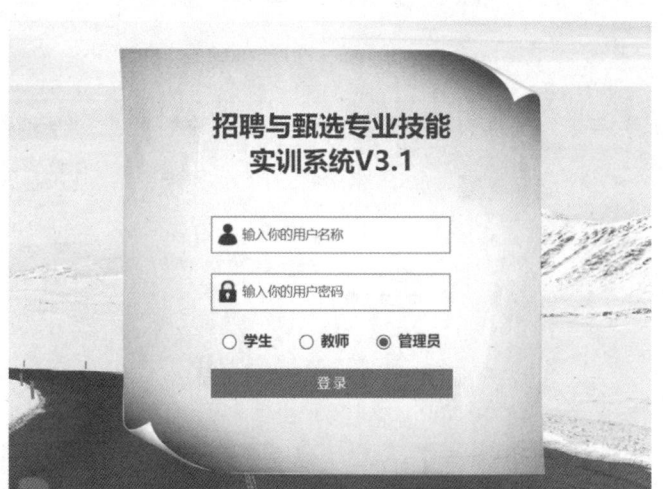

视频：管理员端操作演示

图 2-1　管理员端登录界面

1. 教师管理

进入管理员端后，单击"教师管理"，进入该栏目操作界面。在此界面，单击"添加教师"，可添加教师账号。其中真实姓名、登入名和登录密码是必填项，电话和E-mail是非必填项，填完后单击"确定"即可完成教师账号的建立，如图2-2所示。

图2-2　添加教师账号界面

对于已建好的教师账号，管理员可以对其进行管理，包括账号修改、删除等操作。教师账号管理界面如图2-3所示。

图2-3　教师账号管理界面

2. 数据备份

进入管理员端后，单击"数据备份"，进入该栏目操作界面。单击"备份"，管理员可以对当前所有数据进行命名备份。对于已备份好的文件，可以选择还原数据或者删除该备份数据的操作，如图2-4所示。

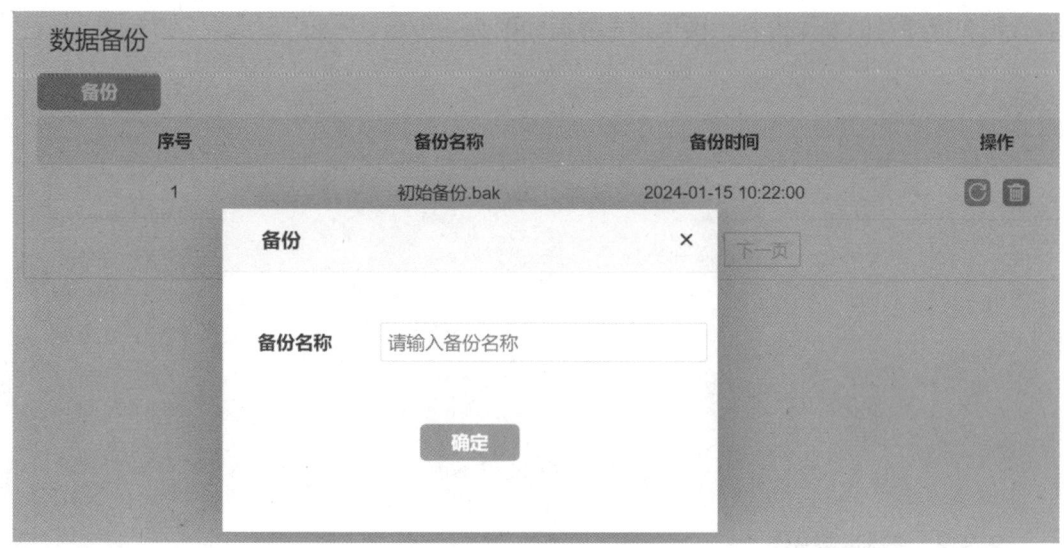

图 2-4　数据备份界面

3. 学习中心

进入管理员端后，单击"学习中心"，进入该栏目操作界面。单击"上传"，在跳出的文字编辑器中添加文档或者图片等，单击"确定"提交资料。管理员对已上传的学习资料可以进行编辑或者删除。管理员端——学习中心界面如图 2-5 所示。

图 2-5　管理员端——学习中心界面

4. 操作日志

进入管理员端后，单击"操作日志"，进入该栏目操作界面。管理员可以在此界面查看教师和管理员的操作内容。操作日志界面如图 2-6 所示。

操作日志

序号	用户名称	登入角色	操作内容	操作时间
1	admin	Admin	登录	2024-01-23 10:45:21
2	admin	Admin	添加教师	2024-01-23 09:34:30
3	admin	Admin	登录	2024-01-23 09:27:56
4	admin	Admin	登录	2024-01-23 09:21:20
5	teahcer	Teacher	登录	2024-01-23 09:17:51
6	admin	Admin	登录	2024-01-23 08:31:31
7	admin	Admin	添加备份：初始备份	2024-01-15 10:22:02

图 2-6　操作日志界面

2.3.2　教师端操作

教师在浏览器的地址栏中输入实训系统的网址，进入实训系统登录界面，选中"教师"，输入教师账号的用户名和密码，单击"登录"即可进入教师端。教师端登录界面如图 2-7 所示。

视频：教师端
操作演示

图 2-7　教师端登录界面

1. 教学任务管理

进入教师端后，单击"教学任务管理"，进入该栏目操作界面。单击"新建教学任务"，在操作界面输入教学任务的名称、教学班级名称、总人数、每组人数、实战系统所需的初始资金，以及选择基础教学所需的各种案例等，然后单击"确定"，即可添加教学任务。新建教学任务界面如图 2-8 所示。

图 2-8　新建教学任务界面

对于已创建的教学任务，教师可以在该界面操作栏对已建的教学任务进行管理。操作栏包括学生管理、教学管理、任务管理三个模块的按钮。其中，学生管理下面的按钮为"申请信息"和"学生管理"；教学管理下面的按钮为"市场人员查看"；任务管理下面的按钮为"修改""完成"和"删除"。编辑教学任务界面如图 2-9 所示。

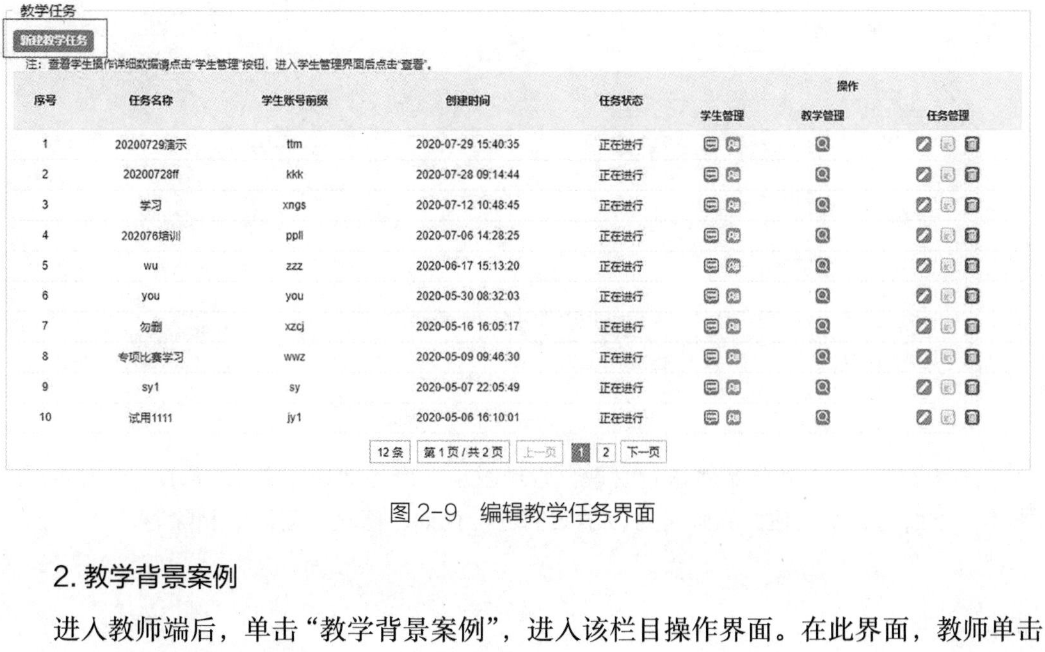

图 2-9　编辑教学任务界面

2. 教学背景案例

进入教师端后，单击"教学背景案例"，进入该栏目操作界面。在此界面，教师单击

"上传教学案例",填写案例名称并选择案例类型,确定之后单击"上传",即可上传教学案例。上传教学案例界面如图 2-10 所示。

图 2-10 上传教学案例界面

对于已经上传的教学案例,教师也可对其再进行编辑。编辑教学案例界面如图 2-11 所示。

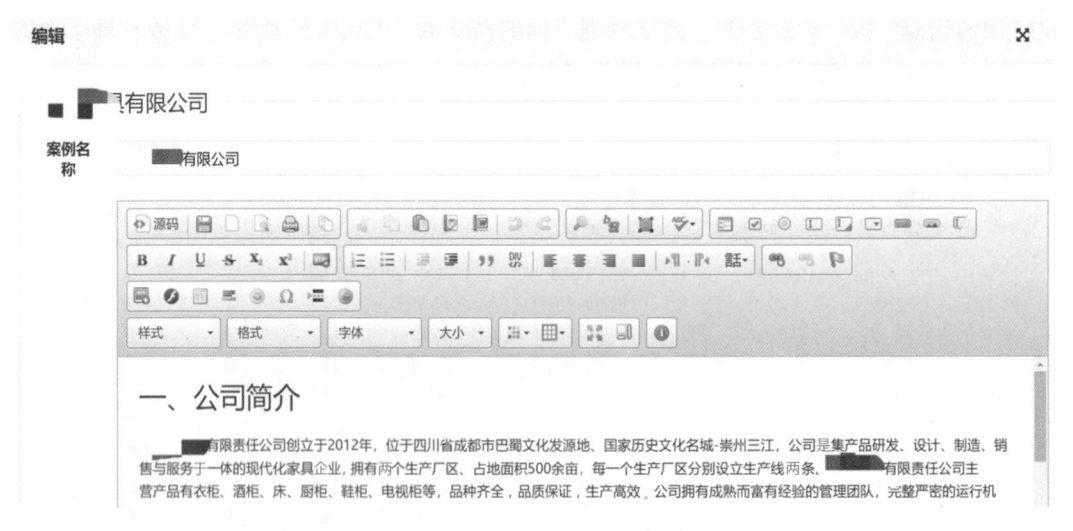

图 2-11 编辑教学案例界面

教师可对上传的教学案例进行管理。管理教学案例界面如图 2-12 所示,单击界面中"操作"下面的各个按钮。教师可对教学案例进行查询、修改、复制、删除等。

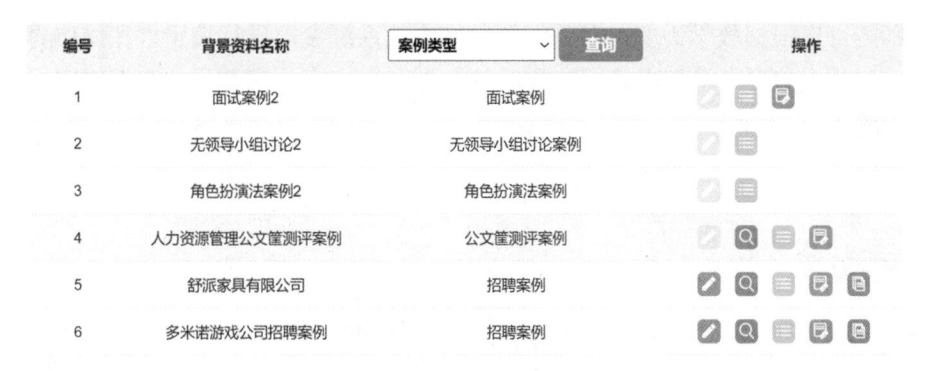

编号	背景资料名称	案例类型	查询	操作
1	面试案例2	面试案例		
2	无领导小组讨论2	无领导小组讨论案例		
3	角色扮演法案例2	角色扮演法案例		
4	人力资源管理公文筐测评案例	公文筐测评案例		
5	舒派家具有限公司	招聘案例		
6	多米诺游戏公司招聘案例	招聘案例		

图 2-12　管理教学案例界面

3. 实战系统参数

进入教师端后，单击"实战系统参数"，进入该栏目操作界面。在该栏目，教师可查看系统预设的各类实战参数，涉及岗位流失率、薪资水平、基础效益、初始人数、生产计划和市场人数等。查看实战系统参数界面如图 2-13 所示。

实战系统参数

岗位流失率 | 薪资水平 | 基础效益 | 初始人数 | 生产计划 | 市场人数

	总经理	人事	财务	销售	生产	研发
经理	33200	8000	8200	8400	7700	9100
主管		5800	6000	6100	5600	6600
专员		4100	4200	4300	4000	4700

图 2-13　查看实战系统参数界面

教师也可根据教学需要新建实战系统各类参数。新建实战系统参数界面如图 2-14 所示。

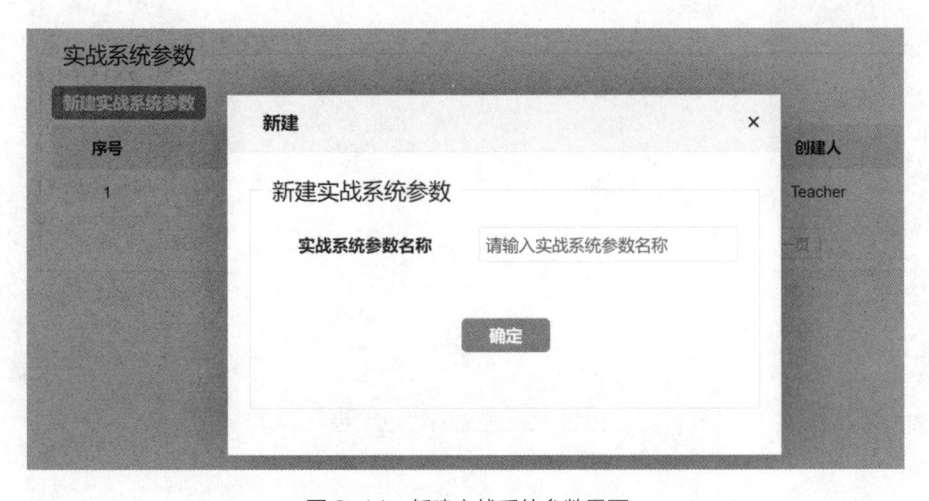

图 2-14　新建实战系统参数界面

教师还可以根据教学需要，对系统预设的实战系统参数进行编辑。在操作界面单击"编辑"，在跳出的弹窗里按需设置参数，单击"提交"，完成参数设置。编辑实战系统参数界面如图 2-15 所示。

图 2-15 编辑实战系统参数界面

4. 评分方案

进入教师端后，单击"评分方案"，进入该栏目操作界面。在此界面，教师可以查看系统默认的评分方案。教师也可以根据教学需要新建教学评分方案，新建评分方案界面如图 2-16 所示。

图 2-16 新建评分方案界面

5. 实验得分

进入教师端后，单击"评分方案"，进入该栏目操作界面，如图 2-17 所示。在此界面，教师可查看教学任务中学生的实验得分。

图 2-17　查看管理实验得分界面

6. 学习中心

进入教师端后，单击"学习中心"，进入该栏目操作界面。在此界面，教师可以查看、使用系统已有的学习资源和教学资料，也可以根据教学需要新增学习资料和教学资源。单击"新增"，教师可以上传文字、视频等教学资料和教学资源。新增教学资料与教学资源界面如图 2-18 所示。

图 2-18　新增教学资料与教学资源界面

2.3.3　学生端操作

教师创建好教学任务后，生成学生账号和密码。学生在浏览器的地址栏中输入实训系统的网址，进入实训系统登录界面，选中"学生"，学生输入个人账号的用户名和密码，单击"登录"，即可进入学生端。学生端登录界面如图 2-19 所示。

图2-19　学生端登录界面

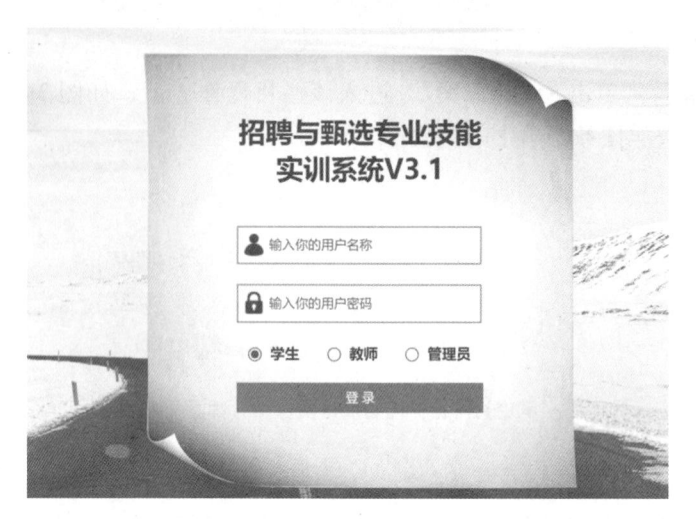

视频：学生端操作演示

进入学生端后，需完善个人信息，单击"保存"正式进入系统进行实训。学生端主要包括基础教学、实战系统、学习中心3个模块的按钮，单击相应模块名称的按钮则进入该模块。学生端界面如图2-20所示。

图2-20　学生端界面

1. 基础教学

基础教学模块包括招聘需求分析、招聘方案设计、人员招募、人员选拔、人员录用、招聘评估等子模块。学生根据教师的教学任务设计，结合系统提供的背景案例分别对招聘与选拔各子模块进行训练。

2. 实战系统

实战系统模块中，设置了岗位编制、岗位缺口分析、制订招聘计划、招聘费用预算、招聘费用申请、选择招聘人员、人员甄选、录用上岗、晋升、工作轮换、支付薪酬、人员自然流失、当月排名等步骤。实战系统模块构成界面如图2-21所示。学生根据教师的教学任务设计，分小组以对抗竞争的模式对招聘与选拔活动进行系统、连贯、综合的实战训练。

图 2-21 实战系统模块构成界面

3. 学习中心

学习中心模块包含了招聘相关知识点、视频资料、教学案例等素材。学生端——学习中心界面如图 2-22 所示。学生可在学习中心查看各类教学素材，进行自主学习。

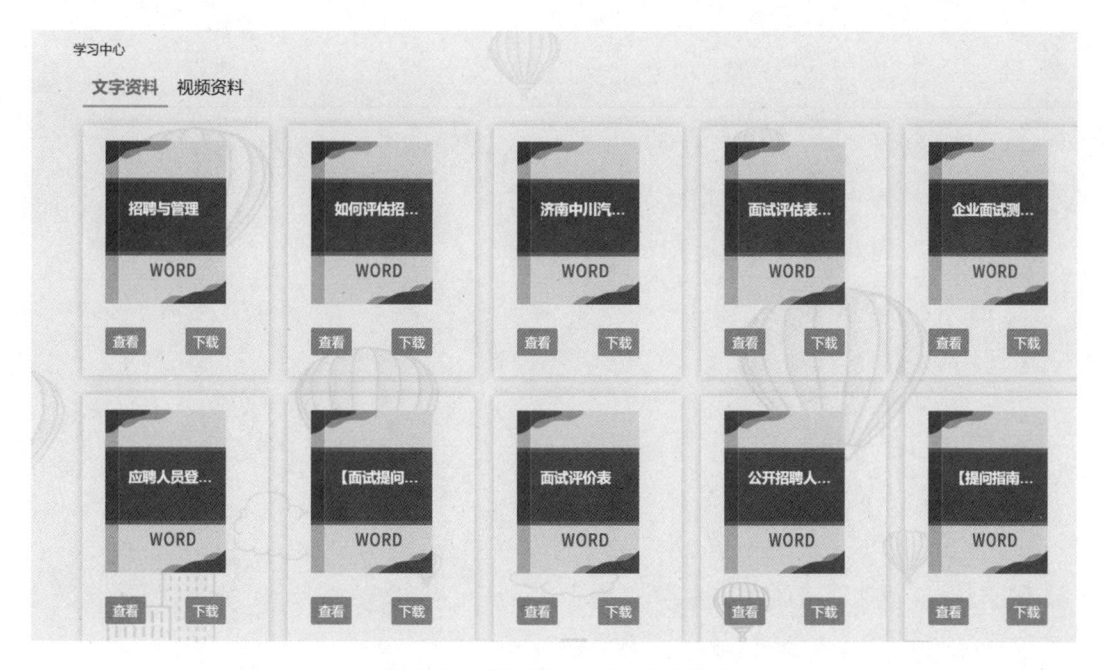

图 2-22 学生端——学习中心界面

巩固与提升

自测题目　　　延伸阅读

CHAPTER 3
第 3 章　招聘需求分析

知识目标

理解招聘基础工作的重要性，掌握招聘需求分析的要点，掌握人力资源需求分析的类别、工作说明书设计的基本要点、胜任力模型的构成。

能力目标

能够熟练进行人力资源需求预测，能够给指定岗位设计工作说明书，能够给指定岗位构建胜任力模型。

素养目标

培养社会责任感与职业道德；培养团队协作、坚守担当的优良品质。

本章为企业人员招聘与选拔技能训练中基础训练的第一个训练项目——招聘需求分析。招聘需求分析是企业招聘与选拔工作的首要环节，也是重要的前期工作。在招聘与甄选技能实训系统中，本项目分解为两个训练任务，任务一为人力资源需求预测，任务二为岗位分析。所有训练任务依托招聘与甄选技能实训系统在线上实施完成。在每个训练任务之前，应先了解、学习与该训练任务相关的核心知识，作为实训的理论支撑。本教材在线上训练项目之后，还设置了线下拓展训练项目，作为线上训练的有益补充，进一步加强了理论与实践的有机融合。

3.1 人力资源需求预测

【核心知识】

1. 人力资源需求预测的含义

人力资源需求预测是指根据企业的发展战略、目标以及企业的内外部环境，运用适当的科学技术与方法，对企业未来一段时间内所需要的人力资源的数量、质量和结构进行预测的过程。简而言之，人力资源需求预测是指企业为实现既定目标而对未来所需人力资源的估算。

2. 人力资源需求预测的主要方法

人力资源需求预测主要有如下几种常用方法。

（1）经验判断法

经验判断法是指企业各级管理人员根据自己的经验和直觉，自上而下确定未来所需人员数量。其具体做法是：先由企业各职能部门的基层领导根据自己部门在未来各时期的业务增减情况，提出本部门各类人员的需求量，再由高一层领导估算平衡，最后在最高领导层进行决策。

（2）德尔菲法

德尔菲法是专家咨询的一种特殊形式，往往采用背对背（完全匿名）的方式征询专家小组成员的预测意见，经过几轮征询，使专家小组的预测意见趋于集中和一致，最后得出符合未来发展趋势的预测结果。这里的专家可以是企业的基层管理人员、中高层管理人员，也可以是企业外聘的顾问或者参谋。

（3）趋势预测法

趋势预测法是一种基于统计资料的定量预测方法，主要根据企业历史人员数据来分析它在未来的变化趋势并依此来预测企业在未来某一时期的人力资源需求量。具体又分为简单模型法、简单的单变量预测模型法、复杂的单变量预测模型法。趋势预测法在使用时一般都要假设其他的一切因素都保持不变或者变化的幅度保持一致，往往忽略了循环波动、季节波动和随机波动等因素。

（4）多元回归预测法

多元回归预测法是一种建立在统计技术上的人力资源需求预测方法。人力资源需求的变化总是与某个或几个因素有关，与趋势预测法不同的是，多元回归预测法不只考虑单个因素，还考虑了两个或两个以上因素对人力资源需求的影响。多元回归预测法不是单纯地依靠拟合方程、延长趋势线来进行预测，而是更重视变量之间的因果关系。它运用事物之间的各种因果关系，根据多个自变量的变化来推测各变量的变化，而推测的有效性可通过一些指标来加以控制。

3. 人力资源需求预测的基本步骤

人力资源需求预测包括现实人力资源需求预测、未来人力资源需求预测和未来人力资源流失预测三部分。一般是人力资源部门根据需求部门设计职务说明书，对所需人员的质量提出素质模型，为人力资源供给预测提供人员数量和质量需求，确保人力资源的供给满足企业战略发展需要。具体步骤如下。

① 根据企业战略规划，进行人力资源盘点，统计出人员的缺编、超编及是否符合职务资格要求；该统计结论为现实人力资源需求。

② 根据工作量的增长情况，确定各部门还需增加的职务及人数，并进行统计；该统计结论为未来人力资源需求。

③ 对预测期内退休的人员进行统计。

④ 根据历史数据，对未来可能发生的离职情况进行预测。

⑤ 将现实人力资源需求、未来人力资源需求和未来人力资源流失汇总，得到企业整体人力资源需求预测结果。

⑥ 在企业整体人力资源需求预测的基础上，结合企业内部供给预测情况，得出企业最终人力资源需求预测结果，即企业人力资源净需求。

【任务描述】

某实业有限责任公司要完成2022年各项目标，人力资源是第一重要的资源保障。从公司现有的人力资源状况看，招聘工作是当务之急。招聘工作需要循序渐进，有计划、有目标地科学开展。

本次实训任务是结合某实业有限责任公司近几年来的发展状况，重点联系公司2021年生产、销售、研发计划的完成情况，以及公司2022年的发展规划，开展人力资源需求预测，为下一步招聘工作奠定基础。

【任务实施】

学生进入招聘与甄选专业技能实训系统的基础教学模块主页面，开始企业人员招聘与选拔技能训练的基础训练环节。

单击主页面功能栏中的"招聘需求分析"，在"招聘需求分析"下拉列表中选择"人力资源需求预测"，进入人力资源需求预测实训任务。

1. 人员编制

人员编制是指对未来一段时间组织内的人员配置及岗位所需人员数量的规定。通过人员编制，可以让管理者及组织内的其他员工对组织的岗位类型及人才需求有一个明确的了解。

单击主页面中的"人员编制"。进入人员编制步骤。人员编制界面如图3-1所示。仔细阅读任务背景资料，从背景资料中提取公司2021年人力资源有关数据，分析公司2021年的生产计划及实际完成情况，分析公司2022年的发展目标，结合公司岗位定员定额情况，运用已学过的人力资源管理知识，计算出公司2022年各类

参考：人员编制结果

人员的编制，分别填入图 3-1 人员编制表中的"编制人数"一列。

人员编制

人员编制表

序号	部门	岗位	编制人数
1	总经办	总经理	请输入总经理人数
2	人事	经理	请输入人事经理人数
3	人事	主管	请输入人事主管人数
4		专员	请输入人事专员人数
5	财务	经理	请输入财务经理人数
6	财务	主管	请输入财务主管人数
7		专员	请输入财务专员人数

图 3-1 人员编制表

2. 人员盘点

人员盘点是对企业的人力资源状况进行摸底、统计、分析的过程。人员盘点是企业管理中非常重要的一项工作，它可以帮助企业了解员工的数量、构成和分布情况，为企业的人力资源管理提供重要的依据，尤其对于企业招聘工作而言，人员盘点是一项不可或缺的基础工作。在进行人员盘点之前，需要明确人员盘点的范围和目的。本次人员盘点是为公司 2022 年的招聘工作进行前期准备，所以本次人员盘点的范围是某实业有限责任公司 2021 年末各部门的人员情况，也就是 2022 年的期初人数。

参考：人员盘点结果

完成人员编制之后，单击人力资源需求预测界面中的"人员盘点"，进入人员盘点步骤。人员盘点界面如图 3-2 所示。仔细阅读并分析任务背景资料，从背景资料中提取公司 2021 年底各部门现有的人力资源数据，分别填入图 3-2 人员盘点表中的"期初人数"一列。

人员盘点

人员盘点表

序号	部门	岗位	期初人数
1	总经办	总经理	请输入初期人数
2		经理	请输入初期人数
3	人事	主管	请输入初期人数
4		专员	请输入初期人数
5		经理	请输入初期人数
6	财务	主管	请输入初期人数
7		专员	请输入初期人数

图 3-2　人员盘点表

3. 未来人力资源需求预测

人员盘点完成后，进行未来人力资源需求预测。单击人力资源需求预测界面中的"需求预测"，进入未来人力资源需求预测步骤。未来人力资源需求预测如图 3-3 所示。结合案例提供的信息，未来人力资源需求预测是指某实业有限责任公司 2022 年的人力资源需求数量。人力资源需求取决于 2022 年公司整体的生产、研发、销售计划，以及公司的人员配比，同时还要考虑生产率的变化情况。综合分析上述情况，计算出某实业有限责任公司各类未来人力资源需求量，分别填入图 3-3 未来人力资源需求预测表中的"人力资源需求"一列。图 3-3 中的"内部供给"一列的数据需根据任务背景资料的相关数据推导得出。

参考：未来人力资源需求预测

未来人力资源需求预测

未来人力资源需求预测表

序号	部门	岗位	人力资源需求	内部供给
1	总经办	总经理	请输入总经理人数	请输入内部供给总经理
2		经理	请输入人事经理人数	请输入内部供给人事经
3	人事	主管	请输入人事主管人数	请输入内部供给人事主
4		专员	请输入人事专员人数	请输入内部供给人事专
5		经理	请输入财务经理人数	请输入内部供给财务经

图 3-3　未来人力资源需求预测表

4. 未来人力资源流失预测

未来人力资源需求预测完成后，单击人力资源需求预测界面中的“流失预测”，进入未来人力资源流失预测步骤。未来人力资源流失预测界面如图 3-4 所示。

未来人力资源流失预测

未来人力资源流失预测表

序号	部门	岗位	流失人数
1	总经办	总经理	请输入总经理人数
2		经理	请输入人事经理人数
3	人事	主管	请输入人事主管人数
4		专员	请输入人事专员人数
5		经理	请输入财务经理人数
6	财务	主管	请输入财务主管人数
7		专员	请输入财务专员人数

图 3-4　未来人力资源流失预测界面

在任务背景资料中提到，根据某实业有限责任公司以往人员流动情况来看，每年公司内部人员情况都略有变动，其中 2021 年生产部、销售部及研发部主管将各退休 1 人，参照公司以往三年各部门的员工流失情况，预计 2022 年生产部和销售部员工将各流失其现有人数的 30%，而人事部、财务部和研发部将各流失其现有人数的 25% 左右。综合上述信息，再结合公司人员盘点情况，计算出某实业有限责任公司未来（2022 年）各类人力资源的流失数据，分别填入图 3-4 中的"流失人数"一列。

参考：未来人力资源流失预测

5. 人力资源净需求预测

未来人力资源流失预测完成后，单击人力资源需求预测界面中的"净需求"，进入人力资源净需求预测步骤。人力资源净需求预测如图 3-5 所示。人力资源净需求按下列公式计算：

人力资源净需求 = 未来人力资源需求 − 组织期初人数 − 内部供给人数 + 未来人力资源流失人数

在前面 4 个步骤完成的基础上，系统将按上述公式自动计算出公司 2022 年的人力资源净需求，如图 3-5 中"人力资源净需求"一列所示。系统也提供解析答案，学生可以将自己计算的结果与系统的解析答案进行对比。

人力资源净需求

人力资源净需求=未来人力资源需求−组织初期人数−内部供给人数+未来人力资源流失人数

净需求表

序号	部门	岗位	人力资源净需求
1	总经办	总经理	0
2		经理	0
3	人事	主管	0
4		专员	4
5		经理	0
6	财务	主管	1
7		专员	3
8		经理	0
9	销售	主管	1

图 3-5　人力资源净需求预测

3.2 岗位分析

【核心知识】

1. 岗位分析的概念

岗位分析也叫工作分析，是通过一定的技术方法，对目标工作的性质、特点等进行分析，从而为企业管理尤其是人力资源管理提供基础信息，涉及工作任务与职责、工作环境，以及任职资格等方面。岗位分析的重要成果就是形成工作说明书。

2. 工作说明书的内涵

工作说明书是对有关工作职责、工作活动、工作条件和工作对人身安全危害程度等工作特性方面信息进行描述，以及规定工作对从业人员的品质、特点、技能和工作背景或经历等方面要求的书面文件。

3. 工作说明书的基本构成

一般来说，工作说明书主要由以下几部分内容构成。

（1）基本信息

工作说明书中的基本信息主要包括：岗位名称、所属部门、岗位编号、岗位等级、直接上级、直接下级等。

（2）岗位职责

岗位职责是指一个岗位所需要完成的工作内容，以及应当承担的责任范围。岗位是组织为完成某项任务而设立的，由工种、职务、职称和等级等性质所组成。职责是职务与责任的统一，由授权范围和相应的责任两部分组成。

（3）任职要求

任职要求是指企业在招聘某个职位人员时，对应聘者所需具备的资格、技能和素质等方面的要求。任职要求包括职位对任职者的基本要求，如学历、专业、经验和相关资质等，还包括职位对任职者的知识（基本知识、专业知识）、技能（管理技能、专业技能）以及职业素养（基本素养、特殊素养）的要求。

（4）其他内容

其他内容可以是工作环境（工作时间、资源配置）、职业发展路径等的相关说明。

4. 胜任力与胜任力模型

"胜任力"作为一个概念最早是由哈佛大学教授戴维·麦克利兰于1973年正式提出，是指能将某一工作中的卓越成就者与普通者区分开来的个人的深层次特征，它可以是动机、特质、自我形象、态度或价值观、某领域知识、认知或行为技能等任何可以被可靠测量或计数的并且能显著区分优秀与一般绩效的个体特征。

胜任力模型就是为了完成某项工作，达成某一绩效目标，要求任职者具备的一系列不同素质要素的组合。也就是说，若干的胜任素质有机结合在一起，针对某个既定职位的要求构成一个胜任素质集合体，这个集合体就是胜任力模型。

常见的胜任力模型包括以下两种。

（1）冰山模型

斯宾塞于1993年依据著名心理学家弗洛伊德的"冰山原理"提出了"冰山模型"，即以海洋中巨大的冰山作为素质模型的说明。所谓冰山模型，就是将人员个体素质的不同表现划分为表面的"冰山以上部分"和深藏的"冰山以下部分"。胜任力冰山模型如图3-6所示。冰山在水面上的部分主要包括：知识、技能，属于显性的表层特征，是可直接测量的、容易感知的，后天可以培养获得的。冰山在水面下的部分主要包括社会角色、自我形象、性格特质、动机等，属于隐性的深层次个体特征，是难以测量的、长期形成的，甚至是与生俱来的特征，很难改变。

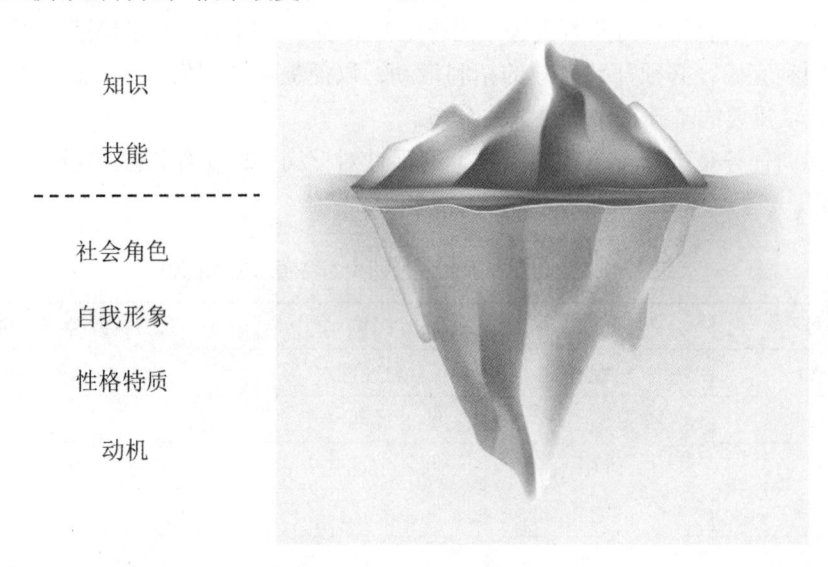

图3-6　胜任力冰山模型

（2）洋葱模型

洋葱模型是在冰山模型基础上演变而来的。美国学者理查德·博亚特兹对麦克利兰的胜任力理论进行了深入和广泛的研究，提出了"洋葱模型"，展示了胜任力构成的核心要素，并说明了各构成要素可被观察和衡量的特点。洋葱模型，是把胜任力素质由内到外概括为层层包裹的洋葱结构。胜任力洋葱模型如图3-7所示。最核心的是个性/动机，然后向外展开第一层为自我形象、态度、价值观，最外面一层为知识与技能。越向外层，越易于培养和评价；越向内层，越难以培养与评价。

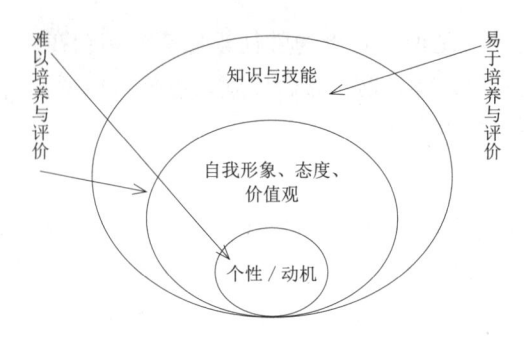

图 3-7　胜任力洋葱模型

【任务描述】

某实业有限责任公司人事部经过人力资源需求分析之后，得出公司各类人力资源净需求。某实业有限责任公司人力资源净需求信息如表 3-1 所示。为了保证公司 2022 年各项计划的顺利完成，必须开展有效的招聘活动，以便提供公司发展所需的人力资源。招聘活动的一项重要的基础工作就是岗位分析。

本次实训任务是选择一个招聘岗位，开展针对该岗位的工作说明书设计与岗位胜任力模型构建。

表 3-1　某实业有限责任公司人力资源净需求信息

序号	部门	岗位	人力资源净需求预测
1	总经办	总经理	0
2	人事	经理	0
3		主管	0
4		专员	4
5	财务	经理	0
6		主管	1
7		专员	3
8	销售	经理	0
9		主管	1
10		专员	5
11	生产	经理	0
12		主管	2
13		专员	13
14	研发	经理	0
15		主管	3
16		专员	8

【任务实施】

完成人力资源需求预测实训任务之后，进入岗位分析实训任务。招聘需求分析——岗位分析界面如图 3-8 所示。

图 3-8　招聘需求分析——岗位分析

系统中的岗位分析实训任务包括两个步骤，即工作说明书设计与胜任力模型构建。岗位分析界面如图 3-9 所示。

图 3-9　岗位分析界面

1. 工作说明书设计

工作说明书是岗位分析的结果表达，也是人员招聘与选拔的重要依据。在图 3-9 所示界面中单击"工作说明书"，进入工作说明书的设计环节。

（1）确定分析对象

从表 3-1 可知，某实业有限责任公司招聘的岗位及其人员数量分别为：人事专员 4 人、财务主管 1 人、财务专员 3 人、销售主管 1 人、销售专员 5 人、生产主管 2 人、生产专员 13 人、研发主管 3 人、研发专员 8 人。本次实训选择"生产主管"岗位作为岗位分析的对象。岗位分析界面如图 3-10 所示，将"生产主管"填入图中"确定分析对象"栏。在实际技能训练中，如果不是教师特别指定，学生可自行选择岗位进行训练。

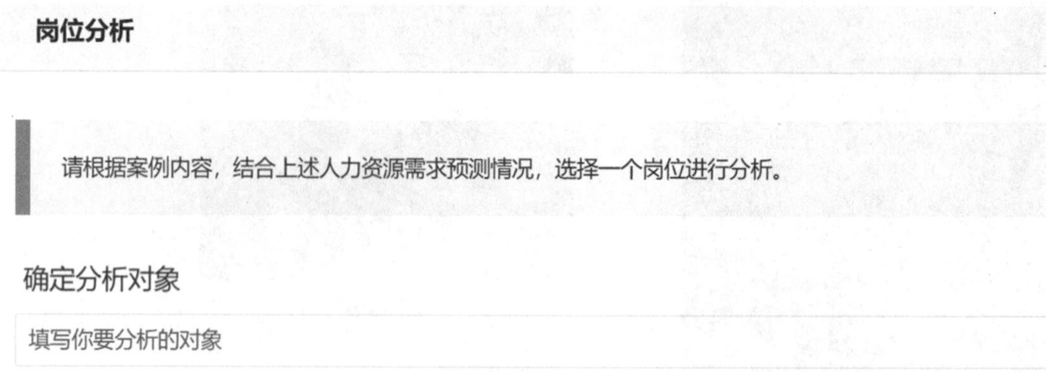

岗位分析

请根据案例内容，结合上述人力资源需求预测情况，选择一个岗位进行分析。

确定分析对象

填写你要分析的对象

图 3-10　岗位分析界面

（2）确定分析内容

岗位分析的内容主要包括岗位基本信息、岗位工作内容、岗位工作责任、岗位任职要求四部分。每一部分内容系统均给出了参考选项，分析者可自行选择需要的内容，也可以单击"自定义"，进行自主设计岗位分析内容。确定分析内容界面如图 3-11 所示。

确定分析内容

岗位基本信息	岗位工作内容	岗位工作责任	岗位任职要求
*选择　+自定义	*选择　+自定义	*选择　+自定义	*选择　+自定义

确定

图 3-11　确定分析内容界面

（3）信息采集与描述

确定好各项岗位分析内容之后，进入信息采集与描述环节。信息采集与描述界面如

图 3-12 所示。岗位分析者根据对"生产主管"岗位的理解，结合企业的实际情况，具体描述各项岗位分析内容。

岗位分析	
信息采集与描述	
信息采集	内容描述
岗位名称	请输入内容描述
所属部门	请输入内容描述
直接上级	请输入内容描述
直接下级	请输入内容描述
工作要点	请输入内容描述
岗位职责	请输入内容描述
学历要求	请输入内容描述

图 3-12　信息采集与描述界面

（4）形成工作说明书

完成各项岗位分析内容的描述之后，单击系统中的"形成工作说明书"，即可显示完整的工作说明书。形成的工作说明书如图 3-13 所示。

参考：生产主管工作说明书样例

生产主管工作说明书	
岗位名称	生产主管
所属部门	生产部
直接上级	生产部经理
直接下级	生产专员
岗位工作责任	

岗位职责：
1. 制订组织实施本部年度工作计划，规划分配工作，及时掌握生产作业进度规划并完成组织生产目标；2. 依照公司供应计划，合理安排车间日生产计划，并统计生产工时及制作生产日报表；3. 召集主持生产会议，全面管理、协调生产工作；4. 拟定和修改生产、设备、5s现场管理等各项管理制度，并检查制度的贯彻执行；5. 负责员工的生产安全教育工作，贯彻实施工作规程，监督控制产品质量，保障生产安全；6. 完成上级交办的其他工作。

图 3-13　形成工作说明书

2. 胜任力模型构建

在工作说明书的基础上,构建岗位的胜任力模型,将有利于确定岗位的核心需求,有助于企业精准选人。单击岗位分析界面中的"胜任力模型",出现胜任力的相关基础知识,帮助岗位分析者形成关于胜任力模型的基本知识架构,然后进入胜任力模型构建环节。胜任力模型界面如图3-14所示。

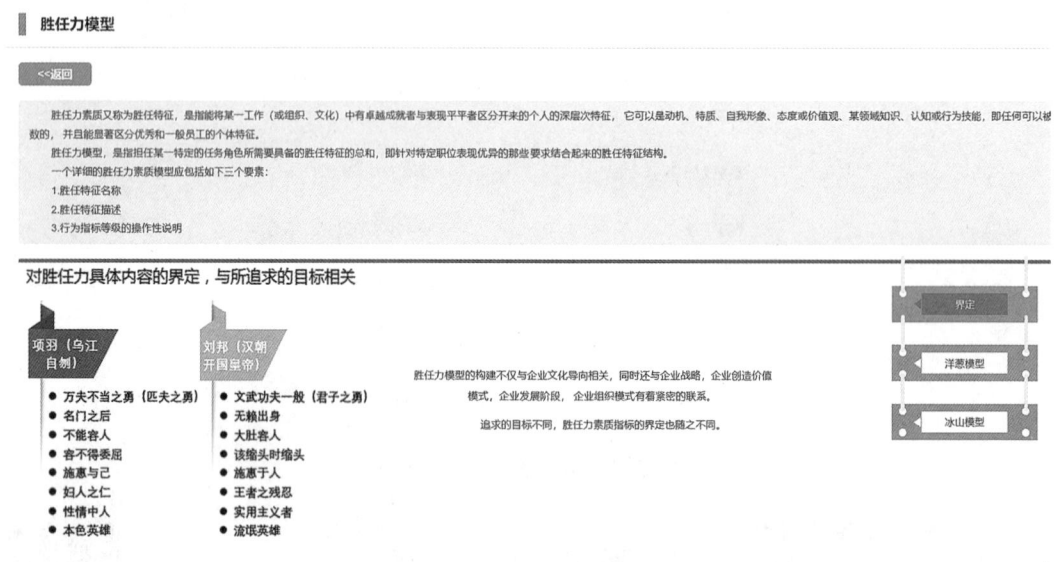

图3-14 胜任力模型界面

(1)确定岗位名称

延续工作说明书设计的岗位,本次胜任力模型构建所选择的岗位仍然是生产主管,将岗位名称"生产主管"输入系统相应的位置。确定岗位名称界面如图3-15所示。在实际技能训练中,学生可自行选择岗位。

岗位名称

生产主管

图3-15 确定岗位名称界面

(2)初选胜任力素质指标

系统给定了三类胜任力素质指标,具体包括公司战略目标、岗位职责要求、员工表现对比。每一类指标系统给定了多项选择以供选择,也可以由岗位分析者自定义指标。

本次实训中,针对生产主管的工作说明书及公司对人力资源的整体要求,再结合公司的发展战略定位,三类胜任力素质指标分别进行了二级指标的选取。公司战略目标包括以人为本、创新、责任心,岗位职责要求包括沟通协调、指导与监控、专业化,员工表现对比包括识人用人、团队整合、团队合作、培养他人。初选胜任力素质指标界面如图 3-16 所示。在实际技能训练中,学生可以根据自己的理解进行二级指标的选择。

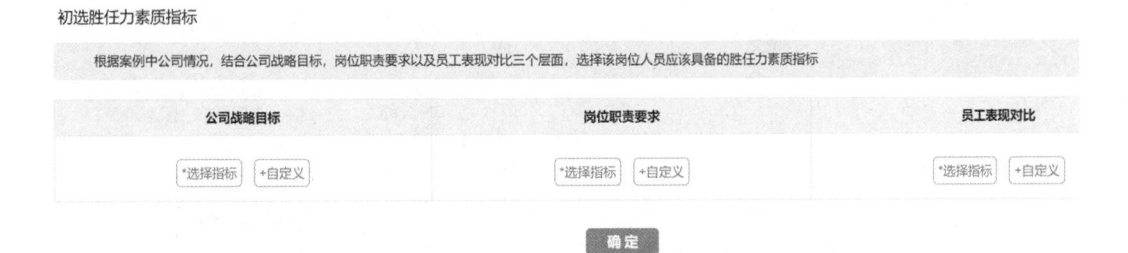

图 3-16 初选胜任力素质指标界面

(3)选择核心胜任力素质指标

在初选胜任力素质指标的基础上,进一步挖掘岗位胜任力素质指标。根据对分析岗位任职资格的判断,从列表中勾选需要的素质指标。选择核心胜任力素质指标界面如图 3-17 所示。

素质指标	定义
责任心	认识到自己的工作在组织中的重要性,把实现组织的目标当成是自己的目标。
以人为本	尊重人性,追求员工、客户、自我与组织的共同发展。
创新	不受陈规和以往经验的束缚,不断改进工作学习方法,以适应新观念、新形势发展的要求。
指导与监控	对下属的工作提供指导与支持,促使其能力提升;对布置给下属的工作进行跟踪,要求其及时反馈,并根据情况做出相应对策的能力。
沟通协调	妥善处理与上级、平级以及下级之间的关系,促成相互理解,获得支持与配合的能力。
专业化	对本专业领域的发展动态非常敏感,有较强的领悟力和驾驭力,能做本专业的"专家"。

图 3-17 选择核心胜任力素质指标界面

(4)明确绩效指标

进一步明确各胜任力素质指标的定义、级别及描述等内容。明确绩效指标界面如图 3-18 所示。指标级别的划分反映着每一个指标程度所代表的素质的程度差异。

明确绩效指标

指标	定义	级别	描述
以人为本	尊重人性，追求员工、客户、自我与组织的共同发展。	1	功利地对待员工与客户，不尊重员工，经常把自己的想法强加给员工；过于教条化，不懂得变通，管理任何员工都是同一个模式。
		2	能够尊重人性，将员工视为不同的个体对待，在工作中求同存异，倡导共赢；在制定和实施各项措施时，能够以员工的角度考虑，充分考虑到员工的需要以及心理感受，努力让员工体验到来自企业的尊重，并作与之相…
		3	视员工为共同发展的资源与伙伴；包容与尊重差异，从细微处着眼，周到关怀，努力提升工作满意度、企业品牌以及服务的美誉度；尊重每一个人不同的风格，把合适的人放在合适的岗位上，并能为员工提供适合自身发展机会的…

图 3-18　明确绩效指标界面

（5）生成胜任力模型

经过前面几个步骤，关于"生产主管"的胜任力模型构建即将完成，接下来就是生成胜任力模型了。单击实训系统中的"生成胜任力模型"即可出现胜任力模型。生成胜任力模型界面如图 3-19 所示。在实训系统中，胜任力模型有两种，一是冰山模型，二是洋葱模型。本次技能训练事先选择了冰山模型。学生在实际训练中，可根据需要或者偏好自行选择胜任力模型。

生成胜任力模型

图 3-19　生成的胜任力模型

能力训练

自测题目　　延伸阅读

线下拓展训练

【训练项目】绘制人才画像

【训练目的】通过学习人才画像的相关知识，了解人才画像的意义，能够为特定的岗位绘制人才画像，以使招聘需求分析更精准。通过训练意识到人才的重要性，意识到精准识别人才的重要性。

【训练步骤】

1.教师指定或者学生自行分组，每组 5～7 人。组内分工合作，由教师给定或者小组成员自己收集一家公司的背景信息以及公司某一岗位的招聘信息（包括招聘需求、岗位说明书等）。

2.学习了解人才画像的相关知识，包括人才画像的含义、人才画像绘制的方法、人才画像绘制的步骤等。

3.小组模拟某公司人力资源部负责招聘的团队，根据搜集到的公司信息以及招聘信息，结合岗位说明书、岗位胜任特征等相关条件，绘制招聘岗位的人才画像。

4.各小组人才画像绘制完毕后，教师组织小组间课堂汇报与交流，师生对每个小组的项目训练过程与成果进行评价。

5.各小组结合项目训练的全过程进行总结与反思，以进一步提升训练的意义。

【训练成果】形成一幅规范的岗位人才画像。

【训练考评】

本训练考评由教师考评与组内考评两部分组成，其中，教师考评是由教师根据小组完成训练项目的及时性、完成训练项目的质量、完成训练项目过程中的创造性与团队合作性等情况给予小组评分。教师评分占训练评分的 70%。组内评分是由各小组根据组内成员在完成训练项目过程中的参与度、贡献度等情况，进行集体评议后对每个成员进行打分。组内评分占训练评分的 30%。线下拓展训练教师评分如表 3-2 所示，线下拓展训练组内评分如表 3-3 所示。

表3-2 线下拓展训练教师评分

项目小组名称		小组成员		
评价指标	指标含义		满分值	教师评分
项目练习的计划性	项目小组能够按照项目计划有序开展各个项目练习，各个招聘阶段规划合理。		20	
项目练习的专业度	项目小组项目训练完成度高，能够展示出项目实施者的专业度。		35	
项目总结报告的质量	项目训练总结报告条理性好，内容翔实，图文并茂，书写规范。		15	
汇报PPT的质量	项目小组汇报PPT设计详略得当，布局合理美观，素材丰富，过程与成果展示充分。		10	
品格与素养	小组成员在项目训练中思想端正，富有责任感和人文情怀，表现出踏实好学、积极向上的精神风貌。		20	
总评分				
总体评价与建议				

表3-3 线下拓展训练组内评分

被评者姓名	评分1（组内排序/分值）	评分2（组内排序/分值）	评分3（组内排序/分值）	……	组内评价平均得分
张三					
李四					
王五					
……					

注：组内评分规则说明如下。

组内评分采取民主匿名评价方式，由每个小组成员根据被评价者（本人除外）在本小组项目练习中的参与情况，如贡献大小、学习态度、团队意识等方面的综合表现进行组内排序，根据综合表现由优到次排序依次为1、2、3、4、5……（排名不得有并列现象），再结合排序给其赋分。赋分的规则为第1名100分，第2名95分，第3名90分，第4名85分，第5名80分……依次递减5分，最后组内统计出每位成员的组内评价平均得分。

第 4 章　招聘方案设计

知识目标

理解招聘需求分析的重要性，熟悉招聘需求申请的流程，熟悉招聘方案的内容，掌握招聘方案设计的要点。

能力目标

能够识别招聘需求，能够制作招聘申请表，能够设计完整的招聘方案。

素养目标

培养社会责任感、团队协作意识与创新思维。

本章为企业人员招聘与选拔技能训练的基础训练中的第二个训练项目——招聘方案设计。招聘前，首先要做好规划和设计招聘方案，只有通过合理的招聘方案来招聘人才，招聘活动才能顺利进行。本项目分解为 4 个训练任务，任务一为招聘需求确认，任务二为招聘信息明确，任务三为招聘流程安排，任务四为招聘费用预算。所有任务依托招聘与甄选技能实训系统在线上实施完成。在开始每一个训练任务之前，应先了解、学习与该训练任务相关的核心知识，作为实训的理论支撑。本教材在线上训练项目之后，还设置了线下拓展训练项目，作为线上训练的有益补充，进一步加强了理论与实践的有机融合。

4.1 招聘需求确认

【核心知识】

1. 招聘需求产生

招聘需求是招聘工作的内在驱动力和原动力,合理的招聘需求是企业招聘工作顺利开展的前提。在企业内部,会基于多种原因产生招聘需求。

(1)企业成立之初

一个企业刚成立,需要必要的人力资源履行各岗位职责,否则企业将无法正常运行。因此,企业成立之初,必然产生招聘需求。

(2)业务增长或者调整

企业内部业务的拓展、新项目的启动、新技术的运用或市场份额的增加、企业战略调整、业务重组或流程优化等,都会产生人力资源新需求。

(3)人员离职、退休或者变动

企业内部因员工主动离职、被辞退、退休或者内部人员的变动,如晋升、降岗、调任等都会造成职位空缺从而产生招聘需求。

(4)企业发展储备人才

为了应对未来的业务发展或战略规划,为了保持企业在竞争激烈的市场中的优势,企业需要提前进行人才储备从而产生招聘需求。

上述这些只是招聘需求产生的一般情况,不同企业的招聘需求产生还会因企业规模、所在行业、发展阶段和战略目标等因素而有所不同。

2. 招聘需求申请

招聘需求申请是指为了满足企业内部的人力资源需求,由业务部门向上级或相关部门提出的请求。

招聘需求申请一般包括如下内容。

(1)招聘岗位

招聘需求申请中需要明确拟招聘的岗位,包括岗位名称、所在部门、岗位等级等信息。

(2)招聘人数

招聘需求申请中需要明确拟招聘的人数。一次招聘可能涉及不同的招聘岗位、不同的部门。招聘需求申请时要具体到招聘的部门、拟招聘岗位对应的人数,而不是一个笼统的总人数。

(3)岗位职责

招聘需求申请中要写明拟招聘岗位的主要职责和工作内容,以便审核部门评估招聘需求的合理性和必要性。

（4）任职要求

招聘需求申请中要列出拟招聘岗位的任职要求，一般包括基本条件、教育背景、专业知识和技能、工作经验以及其他要求。

（5）招聘渠道

招聘需求申请中列举出拟采用的招聘渠道，例如内部推荐、网络招聘平台、校园招聘、中介机构、猎头公司等。

（6）选拔方式

招聘需求申请中要写明招聘计划采用的人才选拔方式，例如简历筛选、笔试、面试、心理测验、评价中心等。

（7）招聘时间

招聘需求申请中要写明招聘工作计划的起止时间。招聘时间影响到招聘的成本、招聘的效果、企业内部工作的安排等，需要得到审核部门的批准。

（8）招聘费用预算

招聘需求申请中要列明招聘费用预算，可能包括企业宣传及广告制作费用、招聘场地租用费、招聘网站费用、招聘差旅费用、第三方费用（猎头与中介）等。招聘费用预算的具体数额根据企业的具体情况而有所不同。

（9）申请部门

招聘需求申请中要明确申请部门，即用人部门。

（10）申请日期

招聘需求申请的最后要注明申请日期。

上述内容为一般性的招聘需求申请所包含的主要内容，招聘需求申请部门亦可以根据所在企业的实际情况进行调整和修改。招聘需求申请是否明确和完整，将直接影响其能否获得批准，并影响到招聘活动能否顺利进行。

视频：招聘需求确认的关键问题

3. 招聘需求审批

招聘需求审批一般是指由相关部门或领导对招聘需求的合理性、必要性进行审核和批准。这样可以确保招聘活动与组织的战略目标相一致，并且在人力资源方面得到合理的规划和控制。招聘需求审批过程包括对招聘数量、职位要求、招聘预算等方面的评估。通过审批，可以确保组织在招聘上的资源投入是合理的，避免浪费不必要的招聘成本。

【任务描述】

经过前期的人力资源需求预测、岗位分析等基础工作之后，某实业有限责任公司人事部要着手开展招聘工作。为了使招聘工作有序进行，必须制订有效可行的招聘方案。首要的工作就是确认现实的招聘需求。本次实训任务就是在某实业有限责任公司人力资源需求预测以及岗位分析结果的基础上，确认公司的招聘需求。

【任务实施】

学生完成第一个训练项目"招聘需求分析"之后，在实训系统功能栏中，单击"招聘方案设计"，进入招聘方案设计环节。在"招聘方案设计"下拉列表中选择"招聘需求确认"，进入招聘需求确认任务。招聘需求确认界面如图4-1所示。

图 4-1　招聘需求确认界面

1. 填写招聘需求基本信息

根据人力资源需求分析的结果，已经明确了各部门人力资源净需求。在招聘需求确认环节，仍然需要明确各部门补充人力资源的岗位及需求数量，以便人力资源部门进行登记。实训系统中设置的招聘需求基本信息包括公司名称、申请部门、岗位名称、需求人数。填写招聘需求基本信息界面如图4-2所示。学生结合前面实训环节中得到的某实业有限责任公司各部门人力资源净需求结果，选择其中某个部门进行实训，将该部门招聘需求基本信息填入图4-2相应的栏中。

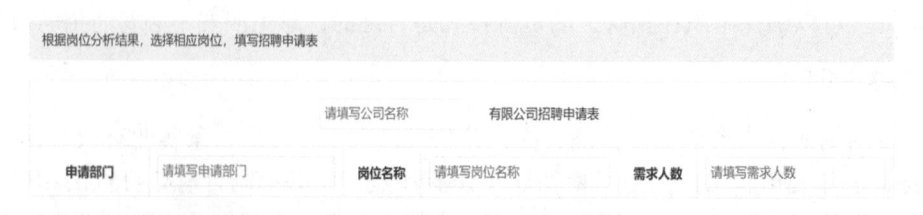

图 4-2　填写招聘需求基本信息界面

2. 明确岗位需求类别

招聘时需要明确岗位需求的类别，以便人力资源部门制订更有针对性的招聘计划。实训系统中的岗位需求类别反映的是岗位招聘需求产生的原因。实训系统给出"离职补充""调动补充""人员储备""岗位扩编""临时用工"5种岗位需求类别。实训时，学生针对前一步骤选择的部门，结合公司及部门目标，分析确定该部门岗位需求类别，并在岗位需求的对应类别前面打"√"，如图4-3所示。

岗位需求	√ 离职补充	调动补充	人员储备	岗位扩编	临时用工

图4-3　明确岗位需求类别选框

3. 确定需求等级

岗位需求的紧急程度会影响招聘时间的安排以及工作流程的安排。实训系统将岗位需求的紧急程度分为3个等级，分别为非紧急、一般紧急和紧急。实训中，学生需要结合公司的人力资源预测及公司发展规划和部门目标，分析判断岗位需求的紧急程度，并在需求紧急程度对应的等级前面打"√"，如图4-4所示。

需求等级	√ 非紧急	一般	紧急

图4-4　确定需求等级选框

4. 明确岗位要求

岗位要求是指招聘岗位对任职者的知识、能力、经验及其他要求的总称。实训系统中的岗位要求包括岗位资格、岗位职责与任职要求。其中，岗位资格包括性别要求、年龄要求、学历要求、专业要求、经验要求、其他要求。明确岗位要求是招聘需求确认的重要环节，学生需要依据招聘岗位的工作说明书，并综合考虑企业的人才理念，发展现状等因素，明确招聘岗位的要求，并将结果填入岗位资格页面对应的栏中。明确岗位要求界面如图4-5所示。

注：在描述岗位要求与任职要求时，应该结合岗位的实际情况，按照岗位要求的重要程度由强到弱依次罗列。

一、岗位资格

1. 性别要求： √男   女   不限

2. 年龄要求： 最小年龄要求 ~ 最大年龄要求

　　ps: 最小年龄要求不得小于16；最大年龄要求不得小于最小年龄且不能大于60。

3. 学历要求： √大专及以上   本科及以上   硕士及以上   博士   其他

4. 专业要求：

请填写专业要求，没有请写"无"！

图 4-5　明确岗位要求界面

5. 薪资建议

招聘需求确认环节，明确招聘岗位拟定的薪资也是一项重要的内容，因为薪酬待遇是影响求职者择业行为的因素之一。实训系统中，薪资建议包括试用期工资、试用期限、转正后工资以及合同期限。学生需要清楚公司关于薪酬的相关规定，同时还要熟悉《中华人民共和国劳动合同法》中关于薪酬，以及试用期限及合同期限的相关规定。在此基础上给出合理的岗位薪资建议，填入薪资建议页面相应的栏中，如图 4-6 所示。

薪资建议

试用期工资　请输入试用期工资！　元，试用期限（ 试用期最长六个月！ ）个月

转正后工资　请输入转正后工资！　元，合同期限（ 合同期限一般为三年！ ）年

图 4-6　薪资建议栏

上述 5 个步骤完成后，单击"确定"，即可由系统生成招聘申请表。提交之后，学生可查看系统预设的参考解析，对照解析，结合相关理论知识，分析本环节训练过程中的不足之处或本人实训的收获与感悟。

参考：招聘申请样表

4.2　招聘信息明确

【核心知识】

1. 招聘渠道分类

招聘渠道可分为内部招聘与外部招聘两大类，每一类招聘渠道又可分为不同的招聘

方式。

（1）内部招聘

内部招聘是指当组织出现职位空缺时，通过在内部人员中选拔、调整的方式补充岗位空缺。内部招聘的方式主要有以下3种。

①内部晋升。内部晋升是指将组织内部符合要求的员工从一个较低职位调配到较高职位上。这种方式可以通过主管推荐、岗位公示等来实现。

②内部调用。内部调用是指内部员工在相同层次岗位之间的调动，这是一种较为常见的内部人员配置方式。内部调用不仅能够填补岗位空缺，还能有效缓解晋升岗位的有限性带来的矛盾。

③工作轮换。工作轮换是指组织有计划地按照大体确定的期限，让员工轮换担任若干种不同的工作。通过工作轮换，组织可以在内部发掘和培养有潜力的员工，为他们提供新的机会和挑战，同时也满足了组织对不同岗位人才的需求。

（2）外部招聘

外部招聘是指当组织出现岗位空缺时，通过从外部吸引、选拔、录用候选人的方式补充岗位空缺。外部招聘的方式主要有以下八种。

①传统媒体招聘。传统媒体招聘是指利用报纸、杂志、电视和广播等方式发布招聘信息，吸引合适的求职者前来应聘的招聘方式。

②网络招聘。网络招聘是指企业通过互联网向公众发布招聘信息，求职者则通过在线申请来应聘职位的招聘方式。随着互联网技术的飞速发展，网络招聘成为当下非常重要的招聘方式。

视频：常见的网络招聘方式

③内部员工举荐。内部员工举荐是指当组织出现岗位空缺时，由组织内部员工推荐他们认为适合该职位的外部人员来应聘的招聘方式。

④人才市场招聘。人才市场招聘是指企业参加当地的人才市场招聘会，与求职者进行面对面的交流，以吸引和获取合适的求职者的招聘方式。

⑤猎头招聘。猎头招聘是指企业委托专业的猎头公司或者招聘顾问寻找和筛选高素质的候选人的招聘方式。

⑥校园招聘。校园招聘是指企业参加高校组织的招聘会或者企业去高校开展宣讲会，吸引和获取各类各层次高校应届毕业生的招聘方式。

⑦以往员工的重新招聘。以往员工的重新招聘是指组织重新招聘曾经离职的员工回到组织工作的招聘方式。以往员工的重新招聘展示了企业和求职者更加开放包容的雇佣理念和求职理念。

⑧社交招聘

社交招聘是指通过在社交媒体和社交网络发布招聘信息，与潜在候选人建立联系，分享职位空缺，吸引合适的候选人来求职应聘的招聘方式。

视频：招聘渠道选择要考虑的因素

2.招聘时间的选择

招聘时间是指从招聘准备工作开始到招聘工作结束所需要的时间。招聘时间的选择对于招聘工作很重要。一般来说，招聘时间的选择有如下几个因素需要考虑。

（1）业务需求

根据公司的业务需求情况，确定合适的招聘时间，以确保新员工能够及时入职履行岗位职责，及时满足业务需求。

（2）人才市场

招聘人员要研究人才市场的供给情况，选择在人才较为集中的时间段开展招聘工作，以便有更多的选择和机会。

（3）季节因素

某些行业或地区可能存在季节性的招聘高峰期或低谷期，企业招聘人员要根据本企业行业特性或者所在地区的人才供给规律选择恰当的招聘时间，以确保招聘的成效。

（4）招聘周期

招聘人员还要考虑招聘流程的时间长度，包括发布职位、筛选简历、面试、录用决策等环节，从而合理安排招聘时间。

（5）紧急需求

对于紧急的职位空缺，招聘人员经审批后可以不拘泥于一般规律，而采取灵活的招聘方式，加快招聘进程，以满足组织或者岗位的紧急需要。

【任务描述】

某实业有限责任公司人事部在人力资源需求预测以及岗位分析的结果的基础上，确认了公司的招聘需求。接下来要完成的实训任务是招聘信息明确，为招聘方案的设计奠定基础。实训系统中招聘信息明确包括招聘渠道的选择、招聘信息发布时间的确定以及招聘岗位的任职资格与岗位职责的明确。

【任务实施】

学生在实训系统功能栏中，在"招聘方案设计"下拉列表中选择"招聘信息明确"，进入招聘信息明确实训任务。招聘信息明确界面如图 4-7 所示。

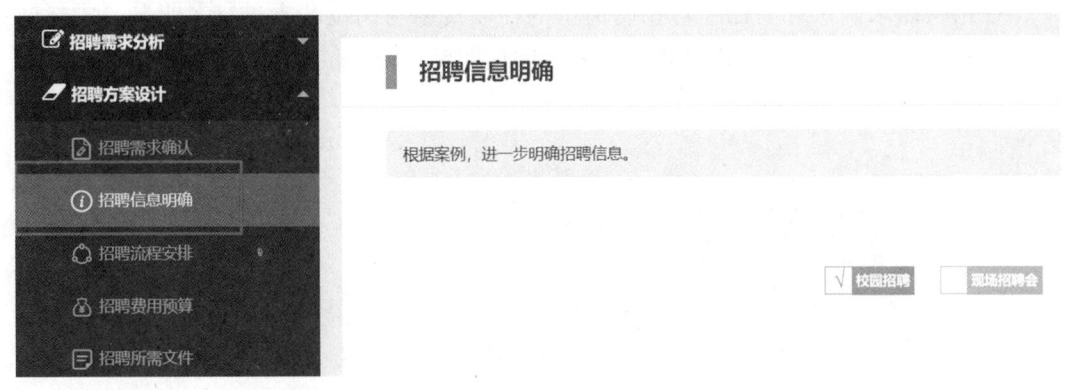

图 4-7　招聘信息明确界面

1. 选择招聘渠道

制订招聘方案的时候，要根据招聘企业所在行业性质确定合适的招聘渠道，同时，还要结合公司的实力、知名度、岗位特点等因素，选择合适的招聘渠道。实训系统中设置了校园招聘、现场招聘会、网络招聘、内部员工推荐、报纸广告、猎头招聘六类招聘方式。实训时，应根据掌握的关于招聘渠道的知识，综合考虑招聘的目的、招聘岗位的特点、招聘预算等因素，进行招聘渠道的选择，并将选择结果打"√"，如图4-8所示。

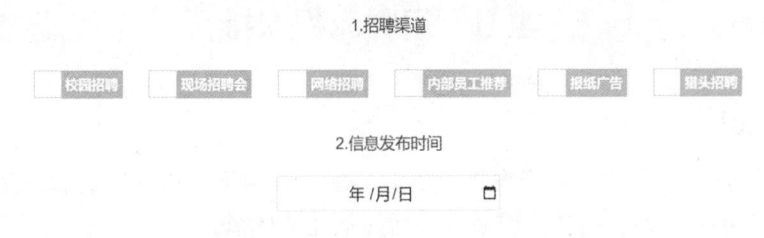

图 4-8　招聘渠道与信息发布时间选框

2. 确定信息发布时间

招聘信息发布的时间一方面取决于岗位对人员需要的紧急程度，同时还要考虑不同渠道或者整个人力资源市场的供给规律。例如，校园招聘的时间要考虑应届毕业生实习以及毕业的时间，一般针对校园的招聘信息时间发布，会选择在应届毕业生毕业前一年的暑假或者稍晚一点，一般不宜晚于毕业前一年的9月。如果是社会招聘，每年年底，求职者可能会开始新一年的职业规划，会对招聘信息更为关注。当然，如果是岗位紧急需要补充人员，招聘信息要尽快发布，以便及时满足用人需求。实训中，学生可以根据某实业有限责任公司招聘岗位的人才需求等级程度（非紧急、一般和紧急），结合选择的招聘渠道等因素来确定本次招聘信息的发布时间，填入图4-8中的"信息发布时间"栏。

63

3. 确认任职资格与岗位职责

在招聘需求确认环节已经对招聘岗位的任职资格与岗位职责进行了明确，本环节目的就是进行再次确认。系统会把已经明确的任职资格与岗位职责自动显示出来，如图4-9所示。

```
3.任职资格
1. 具有丰富的洗护或家居用品生产知识；
2. 熟悉行业相关生产产品的工艺工序；
3. 具有较强的领导能力、沟通协调能力、管理能力和影响力；
4. 熟练操作办公软件；
5. 身体健康，具有奉献精神。

4.岗位职责
1. 制订组织实施本部门年度工作计划，规划分配工作，及时掌握生产作业进度规划并完成组织生产目标；
2. 依照公司供应计划合理安排车间日生产计划，并统计生产工时及制作生产日报表；
3. 召集、主持生产会议，全面管理、协调生产工作；
4. 拟定和修改生产、设备、5S现场管理等各项管理制度，并检查制度的贯彻执行；
5. 负责员工的生产安全教育工作，贯彻实施工作规程，监督控制产品质量，保障生产安全；
6. 完成上级交办的其他工作。
```

图 4-9　确认任职资格与岗位职责

上述3个步骤全部完成后，在招聘信息明确界面的最下方单击"确定"，即可形成完整的招聘信息。

4.3　招聘流程安排

【核心知识】

招聘流程是指一个组织从产生人力资源需求，到为了吸引、筛选和录用合适的候选人而进行的一系列活动。招聘流程通常包括如下几个环节。

1. 招聘前的基础工作

招聘前的基础工作主要包括人力资源规划、工作分析，以及招聘计划制订3项内容。

（1）人力资源规划

人力资源规划有广义和狭义之分。这里的人力资源规划一般是指狭义的人力资源规划，即人力资源的供需预测，也就是预测企业为达到未来战略目标所需要人员的数量、质量等。有效的人力资源规划可以避免企业招聘的盲目性。

（2）工作分析

工作分析是对岗位相关信息的收集、整理和加工过程，一般来说，工作分析的结果是工作说明书。工作说明书是企业人员招聘与选拔的重要依据。

（3）招聘计划制订

招聘计划制订是依据人力资源规划和工作分析的结果，确定招聘的职位、人数、职责和要求，以及招聘的时间和地点、招聘渠道选择、招聘预算安排、招聘人员配置等内容。招聘计划的制订是招聘流程中的重要环节，它为整个招聘活动提供了指导和方向。

2. 人员招募

人员招募环节主要包括招聘渠道选择、招聘广告设计、招聘信息发布等内容。

（1）招聘渠道选择

招聘人员要结合招聘目的、岗位、成本、渠道的特点与适用范围等因素选择合适的招聘渠道。

（2）招聘广告设计

招聘人员结合不同招聘渠道的特点、招聘的目的等设计合适的招聘广告。

（3）招聘信息发布

招聘人员结合招聘目的选择合适的媒介或渠道发布招聘信息，如招聘网站发布、社交媒体发布、校园发布、人才市场发布等。

3. 人员选拔

人员选拔是指采用科学的方法对应聘人员的知识、能力、个性特征、品质和动机等进行全面了解，从中选出最符合空缺岗位要求的人选的过程。人员选拔是招聘的重要环节，一般包括如下内容。

（1）简历筛选

对收到的求职者的简历进行筛选，根据职位要求和简历匹配度对求职者进行初步筛选。

（2）面试甄选

对初步筛选出的候选人进行面试甄选，评估其专业技能、工作经验、沟通能力等。

（3）其他测评

根据招聘岗位的需要，在面试之外还可以运用其他测评手段对候选人进行选拔，如评价中心技术。

4. 人员录用

人员录用是招聘活动中最后一个也是最重要的环节，它是企业经过层层筛选之后做出的慎重决策。人员录用一般包括如下内容。

（1）做出录用决策

根据人员选拔的结果，综合考虑企业的需求做出录用决策。

（2）发送录用通知

做出录用决策之后，向被录用的候选人发送录用通知，包括职位、薪酬、入职时间等信息的说明。

（3）办理入职手续

遵循相关法律法规，为被录用的候选人办理入职手续，如签订合同、提交相关资料等。

（4）入职培训

对新员工进行入职培训，帮助其了解公司文化、规章制度、岗位职责、工作环境等。

5. 招聘评估

招聘工作结束后，需要对招聘工作进行评估，总结经验教训，为下一次招聘提供参考。招聘评估主要包括招聘数量评估、招聘质量评估、招聘成本效用评估等内容。

以上是一般的招聘流程，不同企业可能会根据自身情况进行适当调整和优化。

【任务描述】

某实业有限责任公司人事部在人力资源需求预测以及岗位分析的结果的基础上，确认了公司的招聘需求，明确了招聘信息，为招聘方案的设计奠定了基础。在设计招聘方案的过程中，有一项重要的内容，就是招聘流程的安排。本次实训任务就是对某实业有限责任公司人员招聘工作做出合理安排，并完成招聘流程安排。

【任务实施】

学生在实训系统功能栏中，在"招聘方案设计"下拉列表中选择"招聘流程安排"，进入招聘流程安排实训任务。招聘流程安排界面如图4-10所示。

图4-10 招聘流程安排

在确定招聘流程的时候要说明的一点是，招聘工作有两个前提和一个必要。一个前提是人力资源规划，即从人力资源规划中得到的人力资源净需求。这份预测决定了预计要招聘的职位与部门、数量、时限、类型等因素。它包括公司的人力资源规划和各部门人员需求的申请。另一个前提是岗位分析与设计工作说明书，这为人员选拔与录用提供了主要的参考依据，同时，也为应聘者提供了详细信息。这两个前提是招聘计划的主要依据。一个必要即相关胜任力素质模型的构建。这两个前提和一个必要已经在前面的实训环节中完成。

在本实训任务中，学生综合考虑招聘渠道、招聘时间、人员选拔所需要的技术或者手段等因素，来设计出合理的招聘流程。完成招聘流程安排，如图4-11所示。

招聘流程安排

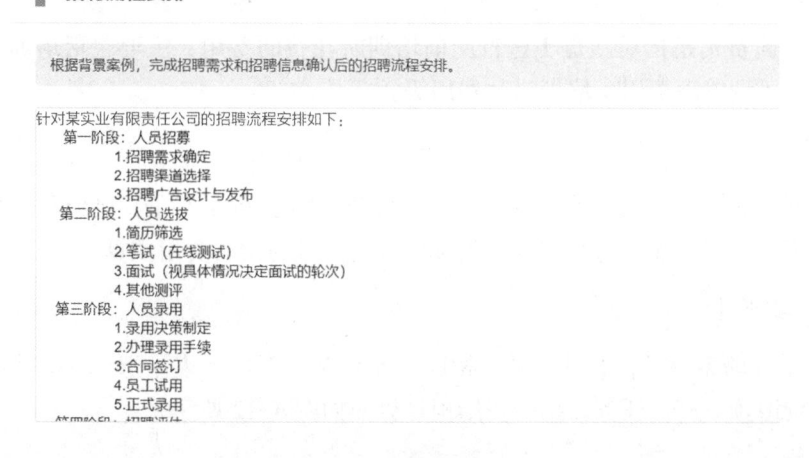

根据背景案例，完成招聘需求和招聘信息确认后的招聘流程安排。

针对某实业有限责任公司的招聘流程安排如下：
第一阶段：人员招募
  1.招聘需求确定
  2.招聘渠道选择
  3.招聘广告设计与发布
第二阶段：人员选拔
  1.简历筛选
  2.笔试（在线测试）
  3.面试（视具体情况决定面试的轮次）
  4.其他测评
第三阶段：人员录用
  1.录用决策制定
  2.办理录用手续
  3.合同签订
  4.员工试用
  5.正式录用

图4-11 招聘流程安排

4.4 招聘费用预算

【核心知识】

任何活动的进行都离不开经费的支持，企业的人员招聘与选拔工作也是如此。因此在设计招聘方案时，招聘费用预算就是其中一项重要的工作。招聘的各个环节都会涉及费用，只有厘清招聘各环节可能产生的费用，才有可能做出合理的招聘费用预算。基于招聘流程的分析，招聘费用主要表现为如下几类。

1. 人员招募费用

人员招募费用是指人员招募环节所产生的各种费用，主要包括广告宣传费、招聘资料费、差旅费、招聘场地费、招聘工作人员费用、招聘设备费等。

2. 人员选拔费用

人员选拔费用是指人员选拔环节产生的费用，主要包括简历筛选相关费用、笔试或心理测试相关费用、面试相关费用，以及其他选拔手段产生的费用。选拔费用随着应聘者所需要从事的工作的不同而不同，随着被选拔人员职位增高及对企业影响的加大而增加。

3. 人员录用费用

人员录用费用是指在人员选拔活动结束之后，把合格的人员聘用进企业的过程中所产生的各种费用。主要包括录取手续费、调动补偿费、搬迁费、旅途补助费、离职补偿金、违约补偿金等由录用引起的有关费用。

4. 人员安置费用

人员安置费用是在安置新员工到具体的工作岗位时所产生的费用，主要包括安置新员工所花费的办公设备费、欢迎新员工入职的相关费用等。

5. 入职培训费用

入职培训费用是指对新员工进行岗前培训所花费的费用，主要包括培训资料和培训设备费用、培训管理费用、培训讲师费用等。

【任务描述】

招聘费用预算是招聘方案的必备内容，本次实训任务是基于招聘流程安排，依托实训系统设置的费用构成，为某实业有限责任公司所做的招聘费用预算。

【任务实施】

学生在实训系统功能栏中，在"招聘方案设计"下拉列表中选择"招聘费用预算"，进入招聘费用预算实训任务。招聘费用预算界面如图4-12所示。

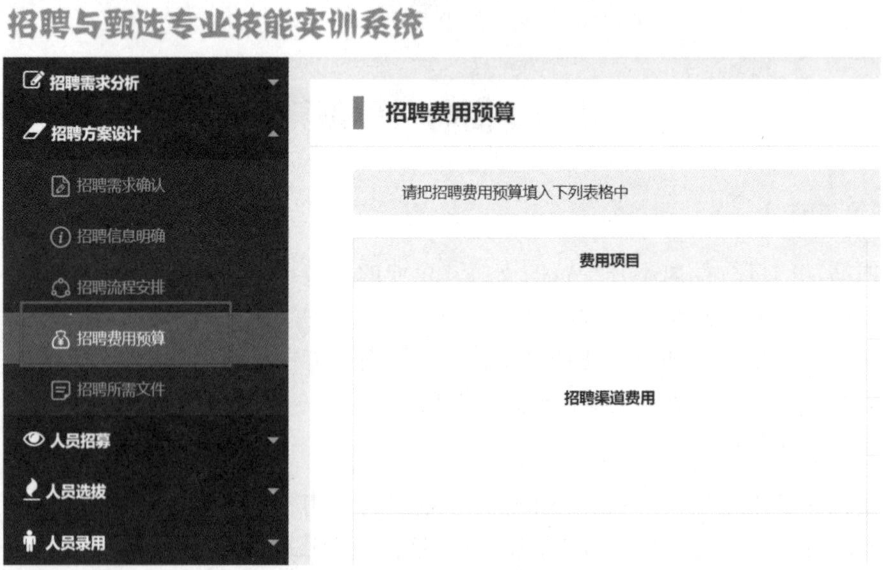

图4-12 招聘费用预算界面

实训系统将招聘费用分为招聘渠道费用、招聘办公费用、人员录用成本费用3个部分。训练任务中招聘费用预算也将按此分类依次进行。

1. 招聘渠道费用预算

招聘渠道费用预算是基于招聘信息明确阶段对招聘渠道的选择。不同的招聘渠道，所需要的费用是有差异的。而招聘渠道的选择不完全受限于招聘费用的考虑，最重要的是要能满足招聘的需要。

案例中的招聘渠道分为网络招聘、现场招聘会、校园招聘会，以及其他渠道。学生根据案例中上一年度各招聘渠道所支付的费用，再结合新的一年招聘费用增加的预估比例，进行本次招聘渠道费用预算，并分别填入图4-13中"费用预算"一列。招聘渠道费用预算如图4-13所示。

费用项目	具体项目费用	费用预算
招聘渠道费用	1. 网络招聘	请输入金额，无该项目支出输入0
	2. 现场招聘会	请输入金额，无该项目支出输入0
	3. 校园招聘会	请输入金额，无该项目支出输入0
	4. 其他渠道	请输入金额，无该项目支出输入0

图4-13 招聘渠道费用预算

2. 招聘办公费用预算

招聘办公费用预算是基于招聘过程中各项管理活动产生的费用，包括广告及宣传费用、话务费用、办公用品费用、面试组成员费用、面试接待费用，以及其他相关费用。招聘办公费用预算可以参照公司之前招聘活动产生的办公费用，再结合新的一年招聘费用增加的预估比例，进行本次招聘办公费用预算，并填入图4-14中的相应栏。招聘办公费用预算如图4-14所示。

招聘办公费用	1. 广告及宣传费用	请输入金额，无该项目支出输入0
	2. 话务费用	请输入金额，无该项目支出输入0
	3. 办公用品费用	请输入金额，无该项目支出输入0
	4. 面试组成员费用	请输入金额，无该项目支出输入0
	5. 面试接待费用	请输入金额，无该项目支出输入0
	6. 其他相关费用	请输入金额，无该项目支出输入0

图4-14 招聘办公费用预算

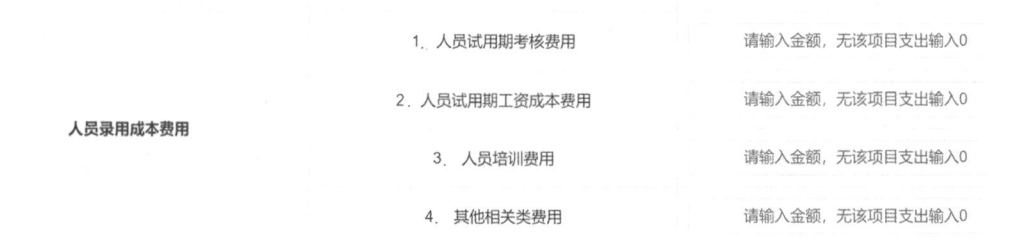

3. 人员录用成本费用预算

人员录用成本费用包括人员试用期考核费用、人员试用期工资成本费用、人员培训费用、其他相关类费用。这些费用项目的填写应结合公司的相关规章制度，如薪酬制度、用工制度等。学生实训时根据案例资料中企业的相关资料进行人员录用成本费用预算，并将预算结果填入图 4-15 中的相应栏。人员录用成本费用预算如图 4-15 所示。

人员录用成本费用	1. 人员试用期考核费用	请输入金额，无该项目支出输入0
	2. 人员试用期工资成本费用	请输入金额，无该项目支出输入0
	3. 人员培训费用	请输入金额，无该项目支出输入0
	4. 其他相关类费用	请输入金额，无该项目支出输入0

图 4-15　人员录用成本费用预算

在招聘工作中，不同的环节需要编制一些文件。实训中，学生可以自行编制，也可以参考引用系统提供的各类文件。学生在实训系统功能栏中，在"招聘方案设计"下拉列表中选择"招聘所需文件"，进入招聘所需文件实训任务。招聘所需文件界面如图 4-16 所示。实训系统提供了不同类别的招聘活动所需的文件样例，包括岗位说明书、应聘登记表、题库、面试登记表，学生可查看、下载、学习相关文件，并在技能训练以及实际招聘工作中加以运用。

图 4-16　招聘所需文件界面

巩固与提升

自测题目　　　延伸阅读

线下拓展训练

【训练项目】招聘计划制订

【训练目的】通过学习招聘计划的基本知识，了解招聘计划的重要性，通过实训，能够为企业制订合适的招聘计划，以确保招聘工作的有序开展，使招聘需求分析更精准。通过训练培养责任感与担当精神。

【训练步骤】

1. 教师指定或者学生自行分组，每组 5～7 人。组内分工合作，由教师给定或者小组成员自己收集一家公司的背景信息及公司某一岗位的招聘信息（包括招聘需求、岗位说明书等）。

2. 学习了解招聘计划的相关知识，包括招聘计划的含义、招聘计划的内容、招聘计划的制订等。

3. 小组模拟某公司人力资源部负责招聘的团队，根据搜集到的公司信息以及招聘信息，结合公司实际以及招聘需求信息，制订招聘计划。

4. 各小组招聘计划制订完毕，教师组织小组间课堂汇报与交流，师生对每个小组的项目训练过程与成果进行评价。

5. 各小组结合项目训练的全过程进行总结与反思，以进一步提升训练的意义。

【训练成果】形成规范的招聘计划书。

【训练考评】

本训练考评由教师考评与组内考评两部分组成，其中，教师考评是由教师根据小组完成训练项目的及时性、完成训练项目的质量、完成训练项目过程中的创造性与团队合作性等情况给予小组评分。教师评分占训练评分的 70%。组内评分是由各小组根据组内成员在完成训练项目过程中的参与度、贡献度等情况，进行集体评议后对每个成员进行打分。组内评分占训练评分的 30%。线下拓展训练教师评分如表 4-1 所示。线下拓展训练组内评分如表 4-2 所示。

表 4-1　线下拓展训练教师评分

项目小组名称			小组成员	
评价指标	指标含义		满分值	教师评分
项目练习的计划性	项目小组能够按照项目计划有序开展各个项目练习，各个招聘阶段规划合理		20	
项目练习的专业度	项目小组项目训练完成度高，能够展示出项目实施者的专业度		35	
项目总结报告的质量	项目训练总结报告条理性好，内容翔实，图文并茂，书写规范		15	
汇报 PPT 的质量	项目小组汇报 PPT 设计详略得当，布局合理美观，素材丰富，过程与成果展示充分		10	
品格与素养	小组成员在项目训练中思想端正，富有责任感和人文情怀，表现出踏实好学、积极向上的精神风貌		20	
总评分				
总体评价与建议				

表 4-2　线下拓展训练组内评分

被评者姓名	评分1（组内排序/分值）	评分2（组内排序/分值）	评分3（组内排序/分值）	…	组内评价平均得分
张三					
李四					
王五					
……					

注：组内评分规则说明如下。

组内评分采取民主匿名评价方式，由每个小组成员根据被评价者（本人除外）在本小组项目练习中的参与情况，如贡献大小、学习态度、团队意识等方面的综合表现进行组内排序，根据综合表现由优到次排序依次为 1、2、3、4、5……（排名不得有并列现象），再结合排序给其赋分。赋分的规则为第 1 名 100 分，第 2 名 95 分，第 3 名 90 分，第 4 名 85 分，第 5 名 80 分……依次递减 5 分，最后组内统计出每位成员的组内评价平均得分。

CHAPTER 5
第 5 章　人员招募

知识目标

掌握招聘广告的内容与设计原则，掌握招聘渠道的具体方式及其优缺点。

能力目标

能够撰写招聘广告文案，能够选择合适的招募渠道。

素养目标

培养法治意识、人文情怀，以及团队协作精神。

本章为企业人员招聘与选拔技能训练的基础训练中的第三个训练项目——人员招募。人员招募是组织或企业为了填补职位空缺、扩展团队或是开展新项目而进行的寻找和吸引合适人才的过程。本项目分解为两个训练任务，任务一为招聘广告设计，任务二为招聘渠道策略选择。所有任务依托招聘与甄选技能实训系统在线上实施完成。在每个训练任务开始之前，应先了解、学习与该训练任务相关的核心知识，作为实训的理论支撑。本教材在线上训练项目之后，还设置了线下拓展训练项目，作为线上训练的有益补充，进一步加强了理论与实践的有机融合。

5.1 招聘广告设计

【核心知识】

1. 招聘广告的主要内容

招聘广告是企业对外公布招聘信息的重要载体，也是应聘者获取更多求职信息的来源。一般来说，招聘广告应该包含如下主要内容。

（1）企业概况

在招聘广告中，要以简洁明了的语言介绍企业的基本情况，如企业性质、经营业务、特色与优势等。

（2）岗位基本情况

在招聘广告中，要清楚准确地表明招聘岗位的基本情况。招聘岗位基本情况包括岗位名称、所属部门、主要职责等。

（3）岗位任职要求

在招聘广告中，一个重要的内容是招聘岗位对应聘者的任职资格要求，包括教育背景要求、工作经验要求、知识与技能要求以及综合素养要求等。

（4）企业人力资源政策

在招聘公告中，可以提及企业能够提供的人力资源政策，如薪酬水平、福利待遇、培训与发展机会等。

（5）申请资料要求

在招聘广告中，可以注明需要应聘者提供的求职材料，如简历、学历学位证书复印件、获奖证书、资格证书复印件以及其他招聘方认为必要的资料。

（6）联系方式

在招聘广告中，要向应聘者说明求职材料投递的方式、信息咨询方式，如通信地址、电子邮件、微信号或者简历投递平台等。

（7）时间信息

招聘广告中要明确招聘的截止时间。这样做既有利于招聘工作的进度安排，也有利于求职者把握投递时机。

2. 招聘广告设计的原则

招聘广告的设计应遵循 AIDAM（Attention、Interest、Desire、Action、Memory）原则，即引起注意原则、产生兴趣原则、激发愿望原则、促使行动原则和留下记忆原则。

（1）引起注意原则

招聘广告的一个基本目的就是引起求职者的注意。因此，招聘广告在设计时可以通过独特的元素或创意来展现。为此，招聘广告设计需要设置者通过醒目的字体、与众不同的色彩、富有感染力的文案、具有视觉冲击力的画面与布局设计等方式来吸引求职者的注意。

（2）产生兴趣原则

招聘广告要通过内容设计、表达风格、呈现手段等措施来引起广大求职者对于招聘职位的兴趣。

（3）激发愿望原则

招聘广告不仅要激发求职者的兴趣，还要能促进求职者的求职行为。这就需要在招聘广告中体现招聘方能够为求职者提供的薪酬福利与发展机会等信息，以激发求职者的求职愿望。

（4）促使行动原则

招聘广告要向求职者提供便于他们投递简历的联络方式，包括电话、微信、邮箱、招聘平台网址，或者其他途径，促进与便捷求职者的求职行为。

（5）留下记忆原则

招聘广告可能并不能使求职者立即产生求职行为，但是，如果招聘广告让求职者印象深刻，也能体现招聘广告的效用。

【任务描述】

当招聘的基础工作，包括人力资源需求预测及招聘需求确认完成后，就进入人员招募环节。人员招募就是企业向组织内外发布招聘信息和收集求职者信息，并通过各种方法吸引求职者前来应聘的过程。要实现人员招募的吸引功能，最基本的也是很关键的一项因素就是招聘广告。本次实训任务正是结合某实业有限责任公司招聘方案，联系公司实际，为公司的招聘活动设计一份招聘广告（实训时学生可以自行选择招聘岗位）。

【任务实施】

学生完成第二个训练项目之后，在实训系统功能栏中，单击"人员招募"，进入人员招募环节。在"人员招募"下拉列表中选择"招聘广告设计"，进入招聘广告设计实训任务。招聘广告设计界面如图5-1所示。

图 5-1 招聘广告设计界面

1. 招聘广告模板选择

实训系统中设置了两种广告模板，学生可选择"插入模板"或"自主设计模板"。插入模板会由系统给定招聘广告包含的主要内容，包括公司的基本情况、招聘的职位、人数、基本条件、招聘范围、薪资待遇、报名信息和其他。插入模板界面如图 5-2 所示。

图 5-2 插入模板界面

自主设计模板则由学生自行设计招聘广告的内容。自主设计模板界面如图 5-3 所示。

图 5-3　自主设计模板界面

2. 招聘广告内容设计

学生参照案例背景信息，结合公司招聘方案，根据所选择的模板自行设计招聘广告。设计并填写完成后，单击"提交"，即可生成一份招聘广告。

5.2　招聘渠道策略选择

【核心知识】

1. 内部招聘的优缺点

内部招聘作为一种普遍使用的招聘渠道，主要具有如下几个优点。

（1）有利于提高员工士气和忠诚度

内部招聘为组织内的员工提供了晋升和发展的机会，能够激发员工的积极性和工作动力，增强员工对组织的归属感和忠诚度。

（2）有利于降低招聘成本

内部招聘不需要支付广告费用、招聘代理费、场地租赁费等，同时，由于对内部员工已经有一定的了解，不需要过多的甄选环节，因此内部招聘通常比外部招聘更节省成本。

（3）有利于任职者更快融入组织

内部员工对公司的文化、价值观和工作流程更为熟悉，他们能够更快地适应新的职位和团队，更快融入组织。

（4）有利于内部知识与经验的传递

内部招聘是组织内人力资源的优化配置，有助于将公司内部的知识和经验传递给之后的新的部门人员，避免了内部人力资本的外流。

（5）有利于减小用人风险

内部招聘减小了与外部候选人沟通的风险，并且由于双方之间已经建立了信任和了解，因此在人事决策时可能会更加顺利，成功率也相对较高。

内部招聘虽然有不少优点，但同时也存在一些缺点或者局限性。

（1）有限的人才池，可选择余地小

内部招聘只考虑公司内部的员工，而企业内部人才池相对较小，这可能限制了选择范围，使企业难以获得更广泛的人才资源。

（2）可能引发内部不良竞争

当有限的职位使内部员工互相竞争时，可能导致员工之间的关系紧张，也可能导致一些不良竞争，如员工可能会利用自己的关系或影响力来争取某个岗位，而不是基于能力和资质。

（3）可能抑制组织创新

内部员工长时间处于相同的组织环境以及企业文化之下，容易形成固定的思维模式与行为方式，从而使组织缺乏活力，进而可能抑制组织创新。

2. 外部招聘的优缺点

外部招聘作为一种重要的招聘渠道，主要有如下几个优点。

（1）有利于拓宽人才选择范围，提升选才质量

企业外部拥有更广泛的人才池，外部招聘增加了找到最适合岗位的人才的机会，同时，更多的选择也有助于选才质量的提升。

（2）有利于避免内部权力斗争

外部招聘可以减少内部权力斗争的影响。外部候选人不受公司内部关系的约束，能够更客观地评估岗位需求和个人能力。

（3）有利于增强人才多样性，促进组织创新

通过外部招聘，吸引来自不同背景和行业的人才，这样可以增加员工队伍的多样性，有利于引入新的观念、技能和经验，从而有助于推动组织创新。

（4）有利于提升组织竞争力

外部候选人可能来自其他公司或行业，他们可能带来行业最佳的实践经验和先进的

管理经验。这有助于提升公司的整体水平和竞争力。

（5）有利于激发组织内部活力

外部员工的加入可能会打破组织原有的平衡和惯性，会唤起内部员工的危机意识，激发内部员工的竞争意识，从而有利于激发组织内部的活力。

外部招聘不可避免也存在一些缺点或者局限性。

（1）招聘周期较长

外部招聘从发布招聘广告、筛选简历、安排面试到进行背景调查等，可能需要几周甚至几个月的时间，从而导致招聘周期较长。

（2）较长时间的融入与适应

通过外部招聘引进的入职者可能需要更长的时间融入新组织，也需要较长时间适应新组织的文化、价值观和工作方式。

（3）招聘成本较高

外部招聘通常需要支付更高的招聘成本，如广告费用、场地招募费用、选拔费用等。此外，新员工的培训和入职成本也可能较高。

（4）可能引发内部员工的不满

外部招聘可能导致内部员工感到被忽视或失去晋升机会。这可能引发内部员工的不满和士气下降，甚至导致优秀员工的离职。

（5）面临潜在的招聘风险

外部招聘到的人可能不符合公司文化，或者能力、经验与职位要求不匹配，还有可能遇到简历造假、背景调查不准确等问题，从而具有潜在的招聘风险。

【任务描述】

招聘方式的选择取决于多种因素，例如招聘职位、招聘规模、招聘的时间和预算等。本次实训任务是学生运用所学知识，结合案例背景中公司的招聘需求及实际情况，对内外部招聘方式进行比较分析，帮助企业招聘者做出合理的招聘策略选择。

【任务实施】

1. 内部招聘方式分析

单击实训系统中的"内部招聘"，出现系统提供的几种内部招聘方式。内部招聘方式界面如图 5-4 所示。了解每一种招聘方式，分析每一种招聘方式的适用情况。

内部招聘

方式

提拔晋升
选择可以胜任这项空缺工作的优秀人员。这种作法给员工以升职的机会，会使员工感到有希望、有发展的机会，对于激励员工非常有利。从另一方面来讲，内部提拔的人员对本单位的业务工作比较熟悉，能够较快适应新的工作。

工作调换
工作调换也叫做"平调"，是在内部寻找合适人选的一种基本方法。

工作轮换
工作轮换可以使单位内部的管理人员或普通人员有机会了解单位内部的不同工作，给那些有潜力的人员提供以后可能晋升的条件，同时也可以减少部分人员由于长期从事某项工作而带来的枯燥和厌倦等感觉。

人员重聘
有些单位由于某些原因会有一批不在位的员工，如下岗人员、长期休假人员（如曾因病长期休假，现已康复但由于无位置还在休假）、已在其他地方工作但关系还在本单位的人员（如停薪留职）等。在这些人

图 5-4　内部招聘方式界面

2. 外部招聘方式分析

单击实训系统中的"外部招聘"，出现系统提供的几种外部招聘方式。外部招聘方式界面如图 5-5 所示。了解每一种外部招聘方式，分析每一种招聘方式的适用情况。

外部招聘

方式

人才招聘会
人才交流中心或其他人才交流服务机构每年都要举办多场人才招聘会，用人单位的招聘者和应聘者可以直接进行接洽和交流。招聘会的最大特点是应聘者集中，

媒体广告
通过报纸杂志、广播电视等媒体进行广告宣传，向公众传达招聘信息，覆盖面广、速度快。相比而言，在报纸、电视中刊登招聘广告费用较大，但容易醒目地体现组织形象；征广告差一些。

网上招聘
网上招聘是一种新兴的一种招聘方式。它具有费用低、覆盖面广、时间周期长、联系快捷方便等优点。用人单位可以将招聘广告张贴在自己的网站上，或者张贴在某些网站上，

校园招聘
学校是人才高度集中的地方，是组织获取人力资源的重要源泉。对于大专院校应届毕业生招聘，可以选择在校园直接进行。包括在学校举办的毕业生招聘会、招聘张贴、招聘

人才猎取
一般认为，"猎头"公司是一种专门为雇主"猎取"高级人才和尖端人才的职业中介机构。

图 5-5　外部招聘方式界面

3. 招聘渠道策略选择

内部招聘的优缺点如图 5-6 所示，外部招聘的优缺点如图 5-7 所示。通过综合比较内外部招聘渠道的优缺点，提升招聘策略的选择的合理性。招聘渠道策略选择要综合考虑企业发展周期、企业内部人力资源现状、外部劳动力市场的人才供应等综合因素。

优点

- **招聘成本和效率**
  从内部培养和选拔人才，直接成本比较低，效率也相对较高，但企业内部要有一套系统的人员培养和选拔体系。

- **选拔的效度与信度**
  企业和员工之间的信息是对称的，用人风险比较小，成功率较高。企业对于内部员工工作态度、素质能力以及发展潜能等方面有比较准确的认识和把握。

- **员工激励**
  内部选拔能够给员工提供更多的成长空间，使员工的成长与组织的成长同步，容易激励和鼓舞员工士气，形成积极进取、追求成功的氛围，达成美好的远景。

- **价值观念**
  长期的磨合，员工与企业在同一个目标基础上形成趋同的价值观，相互比较信任，员工已融入到企业文化之中，认同组织的价值观念和行为规范，对组织的忠诚度较高。

- **学习成本**
  内部员工对企业的现有人员、业务模式和管理方式非常熟悉，易于沟通和协调，因而可以更快地进入角色，学习成本更低，有利于发挥组织效能。

缺点

- 容易造成"近亲繁殖"
  老员工有老的思维定势，不利于创新，而创新是组织发展的动力。容易在组织内部形成错综复杂的关系网，任人唯亲，拉帮结派，给公平、合理、科学的管理带来困难。内部备选对象范围狭窄。

图 5-6 内部招聘的优缺点

优点

- 来源广泛，选择空间大。特别是在组织初创和快速发展时期，更需要从外部大量招聘各类员工。

- 可以避免"近亲繁殖"，能给组织带来新鲜空气和活力，有利于组织创新和管理革新。此外，由于他们新近加入组织，与其他人没有历史上的个人恩怨关系，从而在工作中可以很少顾忌复杂的人情网络。

- 可以要求应聘者有一定的学历和工作经验，因而可节省在培训方面所耗费的时间和费用。

缺点

- 难以准确判断他们的实际工作能力。
- 容易造成对内部员工的打击。
- 费用高。

图 5-7 外部招聘的优缺点

巩固与提升

自测题目　　延伸阅读

线下拓展训练

【训练项目】策划并开展线上招募活动

【训练目的】掌握人员招募的基本理论与技术要点，能够选择合适的招募渠道，撰写有效的招聘广告文案。通过训练培养在招聘与选拔过程中注重候选人的道德品质和社会责任感的意识。

【训练步骤】

第一步：教师指定或者学生自行分组，每组5～7人。组内分工合作，由教师给定或者小组成员自己收集一家公司的背景信息，以及公司某一岗位的招聘信息（包括招聘需求、岗位说明书等）。结合公司招聘信息，由教师设定该公司招聘选择线上招募策略（网络招聘）。

第二步：根据选择的线上招聘渠道，各小组撰写相应的招聘广告文案，选择适当的社交媒介发布招聘广告。

第三步：各小组在线收集求职者简历，对简历进行分类整理。

第四步：各小组线上招募活动结束，教师组织小组间课堂汇报与交流，师生对每个小组的项目训练过程与成果进行评价。

第五步：各小组结合项目训练的全过程进行总结与反思，以进一步提升训练的意义。

【训练成果】撰写一份有效的招聘广告文案，收集应聘者简历若干份。

【训练考评】

本训练考评由教师考评与组内考评两部分组成，其中，教师考评是由教师根据小组完成训练项目的及时性、完成训练项目的质量、完成训练项目过程中的创造性与团队合作性等情况给予小组评分。教师评分占训练评分的70%。组内评分是由各小组根据组内成员在完成训练项目过程中的参与度、贡献度等情况，进行集体评议后对每个成员进行打分。组内评分占训练评分的30%。线下拓展训练教师评分如表5-1所示。线下拓展训练组内评分如表5-2所示。

表 5-1　线下拓展训练教师评分

项目小组名称		小组成员		
评价指标	指标含义		满分值	教师评分
项目练习的计划性	项目小组能够按照项目计划有序开展各个项目练习,各个招聘阶段规划合理。		20	
项目练习的专业度	项目小组项目训练完成度高,能够展示出项目实施者的专业度。		35	
项目总结报告的质量	项目训练总结报告条理性好,内容详实,图文并茂,书写规范。		15	
汇报 PPT 的质量	项目小组汇报 PPT 设计详略得当,布局合理美观,素材丰富,过程与成果展示充分。		10	
品格与素养	小组成员在项目训练中思想端正,富有责任感和人文情怀,表现出踏实好学、积极向上的精神风貌。		20	
总评分				
总体评价与建议				

表 5-2　线下拓展训练组内评分

被评者姓名	评分 1 (组内排序/分值)	评分 2 (组内排序/分值)	评分 3 (组内排序/分值)	……	组内评价平均得分
张三					
李四					
王五					
……					

注：组内评分规则说明如下。

组内评分采取民主匿名评价方式，由每个小组成员根据被评价者（本人除外）在本小组项目练习中的参与情况，如贡献大小、学习态度、团队意识等方面的综合表现进行组内排序，根据综合表现由优到次排序依次为 1、2、3、4、5……（排名不得有并列现象），再结合排序给其赋分。赋分的规则为第 1 名 100 分，第 2 名 95 分，第 3 名 90 分，第 4 名 85 分，第 5 名 80 分……依次递减 5 分，最后组内统计出每位成员的组内评价平均得分。

CHAPTER 6
第 6 章　人员选拔

知识目标

掌握人员选拔各个主要技术手段的基本理论与技术要点。

能力目标

能够进行简历筛选，组织结构化面试或者无领导小组讨论。

素养目标

培养公平竞争意识、团队协作精神以及创新思维。

本章为企业人员招聘与选拔技能训练的基础训练中的第四个训练项目——人员选拔。人员选拔是招聘中一个非常重要的环节。它是指通过一定的方法和程序，从众多候选人中挑选出符合特定要求的人的过程，以确保组织能够招聘到具备所需技能、知识、能力和素质的人才。本项目分解为4个训练任务，任务一为简历筛选，任务二为笔试，任务三为面试，任务四为评价中心。所有任务依托招聘与甄选技能实训系统在线上实施完成。在每个训练任务开始之前，应先了解、学习与该训练任务相关的核心知识，作为实训的理论支撑。本教材在线上训练项目之后，还设置了线下拓展训练项目，作为线上训练的有益补充，进一步加强了理论与实践的有机融合。

6.1 简历筛选

【核心知识】

1. 简历筛选的原则

简历筛选是对求职者提交的简历进行审查和评估，以确定哪些候选人符合特定职位的要求，并决定是否进一步邀请候选人参加面试或其他招聘环节的过程。

视频：简历筛选的目的

要达到有效的简历筛选，应遵循如下原则。

（1）相关性原则

相关性原则是指简历筛选时要着重审查候选人与职位要求相关的教育背景、工作经验和技能等信息。

（2）重点突出原则

重点突出原则是指简历筛选时要重点关注候选人简历中的关键信息，如工作成果、项目经验、专业技能等。

（3）完整性原则

完整性原则是指简历筛选时要检查候选人简历呈现的内容是否完整，是否包含必要的信息，如联系方式、工作经历、教育背景等。

（4）准确性原则

准确性原则是指简历筛选时要核实候选人简历中的信息是否真实可靠。

（5）规范性原则

规范性原则是简历筛选时要注意候选人简历的语言表达和排版是否符合一般的书写规范。

2. 简历筛选的内容

简历筛选时除了了解候选人的基本信息，如姓名、毕业院校、所学专业等之外，还需要结合招聘职位要求，重点关注如下内容。

（1）工作经历

简历筛选时，要重点关注候选人每段工作经历的工作单位、所在职位、工作职责、工作成果、时间跨度等。如果候选人为应届毕业生，工作经历不多，可着重考察其在学校的实践经历，如所经历的社团（部门）、承担的职责，以及取得的工作成果等。通过对候选人工作历程的审查，分析候选人的职业诚信、工作稳定性、工作能力等。

（2）技能与特长

简历筛选时，还要重点关注候选人与应聘职位相关的专业技能，如编程能力、数据处理能力、文案撰写能力等，也可以通过候选人的相关项目经验判断其专业技能。除专业技能外，还可关注候选人的其他技能，如沟通能力、领导能力、学习能力等。简历筛选时也不能忽视候选人的特长与爱好，这些信息可以反映候选人的多元化与综合素质。

（3）证书与资质

在简历筛选时，候选人的证书和资质也是一个很重要的需要关注的内容。审查候选人的证书和资质可以从以下几方面入手。第一，审查证书和资质是否与应聘的职位直接相关，这能体现候选人的专业能力。第二，了解证书和资质的权威性和行业认可度，这可以帮助判断其价值。第三，确保证书和资质是在有效期内的，过期的证书可能需要进一步核实。第四，了解证书和资质获取的难易程度，这能反映候选人的能力和努力程度。第五，如果候选人有跨行业的证书或资质，这可能显示他们具备较强的学习能力和适应能力。

（4）简历行文

候选人的简历行文同样可以折射出很多重要的信息，因此，筛选简历时也不可忽视对这方面的审查。一般可从几个方面入手。第一，审查简历层次性和逻辑性，可以判断候选人的思维特征。第二，审查简历的语法和拼写，正确的语法和拼写可以展示候选人的认真态度。第三，审查简历的行文风格和格式的一致性，这可以反映出候选人的专业性。第四，在符合规范的前提下，也可以审查简历的个性化，这可以反映候选人的独特风格。

【任务描述】

某实业有限责任公司招聘广告发布出去以后，收到了一些应聘者的简历，请依据公司招聘岗位需求，结合简历筛选的技术要点选出较为符合公司需要的简历，为下一步人员选拔做准备。

【任务实施】

完成第三个训练项目之后，在实训系统功能栏中，单击"人员选拔"，进入人员选拔环节。在"人员选拔"下拉列表中选择"简历筛选"，进入简历筛选实训任务。简历筛选界面如图6-1所示。

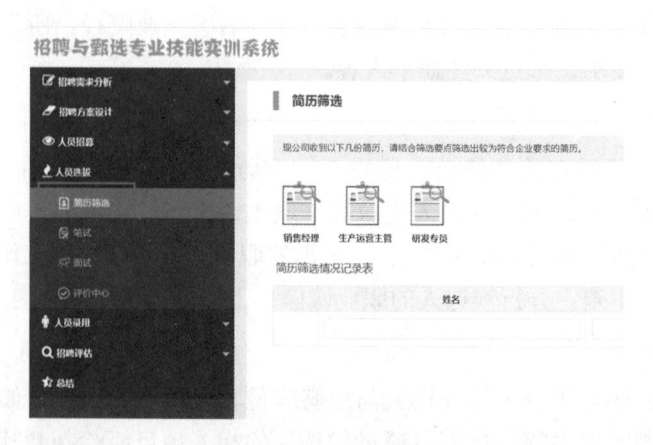

图6-1 简历筛选界面

1. 简历查看

实训系统提供了不同岗位的候选人简历，实训时可根据前期步骤选择的实训岗位，决定本次简历筛选的实训岗位。确定实训岗位之后（本教材以生产主管岗位为例），点击相应的简历，即可看到该候选人的简历信息。候选人简历信息如图 6-2 所示。

招聘岗位：生产运营主管

个人信息
李三笑
男　1997年7月19日|汉族
团员　已婚　专科
户籍：四川　现居：CZ市
院校：成都XX学院
专业：建筑装饰工程技术专业　　毕业：2017-6

求职意向
期望工作地区：　四川省内
期望月薪：　　5000-7000元/月
期望工作性质：　全职
期望从事职业：　生产运营主管
期望从事行业：　生产/制造

工作经历
2017/7-2021/10　成都胡茂家具有限公司
生产主管助理
加工/制造家具生产线
工作描述：刚毕业后面试的第一份工作，协助主管做好生产线运营管理工作

教育经历
2014/9-2017/6 成都××学院 建筑装饰工程技术专业 专科

图 6-2　候选人简历信息

2. 简历分析

依据简历筛选的原则以及内容，结合招聘岗位的说明书对任职者的要求，对候选人简历进行筛选。生产主管工作说明书如表 6-1 所示。

表 6-1　生产主管工作说明书

岗位名称	生产主管	所属部门	生产部
直接上级	生产部经理	直接下级	生产专员
工作责任			
负责全面支持本部的管理工作，配合上级做好生产计划排期，并组织生产活动，做好生产现场管理，确保品质和效率。			

续表

工作内容
岗位职责： 1. 组织实施本部年度工作计划，规划分配工作，及时掌握生产作业进度规划并完成组织生产目标； 2. 依照公司供应计划，合理安排车间日生产计划，并统计生产工时及制作生产日报表； 3. 召集主持生产会议，全面管理，协调生产工作； 4. 拟定和修改生产、设备、5S现场管理等各项管理制度，并检查制度的贯彻执行； 5. 负责员工的生产安全教育工作，贯彻实施工作规程，监督控制产品质量，保障生产安全； 6. 完成上级交办的其他工作。
任职资格
学历要求：本科及以上，相关专业毕业。 年龄要求：30～45岁。 知识要求：具有丰富的洗护或家居用品生产知识，熟悉行业相关产品生产的工艺工序。 能力要求：具有较强的领导能力，沟通协调能力，管理能力和影响力。 生理要求：身体健康。

3. 结果记录

结合招聘岗位对简历进行分析时，需要将简历中人员的姓名、应聘岗位、筛选结果、原因等关键信息记录下来。简历筛选记录表如图6-3所示。

简历筛选情况记录表

姓名	应聘岗位	筛选结果	原因

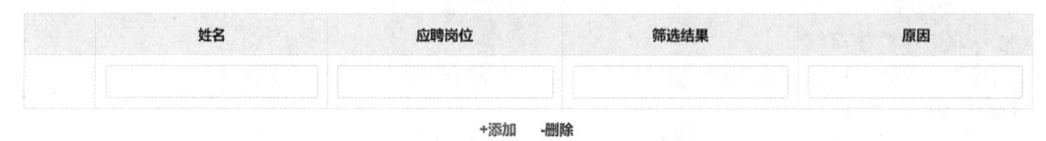

+添加　-删除

图6-3　简历筛选记录表

待所有简历都经过筛选并记录后，单击"确定"，系统会对筛选结果进行统一展示，以便为下一步选拔工作提供依据。简历筛选记录结果展示如图6-4所示。

简历筛选情况记录表

姓名	应聘岗位	筛选结果	原因
	生产主管	进入下一步环节	符合岗位基本需求
	生产主管	通过	总体符合招聘要求
	生产主管	进入下一步环节	符合岗位基本需求
	生产主管	通过	总体符合招聘要求

修改　参考解析

图6-4　简历筛选记录结果展示

6.2 笔 试

【核心知识】

1. 笔试的特点

笔试是一种通过书面形式进行的考试或测试，通常用于评估个人在特定领域的知识及素质。笔试在企业招聘中，尤其是大规模员工招聘中被广泛应用。与其他选拔方式相比，笔试具有如下特点。

（1）经济高效

笔试可以在较短的时间内对大量的应聘者进行测评，对于企业和应聘者双方来说，笔试对于人、财、物、时间、空间等资源的消耗相对较少，因此，省时高效，经济易行。

（2）灵活多样

笔试可以通过不同的测试目标和测试对象，通过事先设计的、多元化的测评内容，达到对应聘者进行综合评价的目标。

（3）易控误差

笔试在内容取样、题型设计、标准设计、实施规范、结果评价和处理等环节可以不同程度防止、减少各种误差的产生，从而提高测试的可靠性。

（4）客观公正

笔试试题取材多样，考核结果的可信度和有效度都比较高。相对而言，应聘者的心理压力较小，较易发挥自身的正常水平，成绩评定也比较客观。

2. 招聘中笔试的类型

在招聘过程中，笔试通常用于评估应聘者的知识、技能和能力。以下是一些常见的笔试类型。

（1）专业知识测试

这种类型的笔试旨在评估应聘者在特定领域的专业知识。测试内容可以包括该领域的基本概念、理论、技术或行业相关法规等。

（2）认知能力测试

这类测试用于评估应聘者的智力水平、逻辑思维、分析能力和问题解决能力。测试内容可以包括数学题、逻辑推理题、图表分析题等。

（3）语言能力测试

如果招聘岗位对语言能力有要求，可能会进行语言能力测试。这可能包括英语或其他语言的语法、词汇、阅读理解和写作等方面的评估。

（4）情景判断测试

这种类型的笔试通常提供一些工作场景或问题，要求应聘者根据自己的经验和判断做出决策或提供解决方案。它旨在评估应聘者的实际问题解决能力和应对工作挑战的能力。

（5）心理测试

这种类型的测试主要是使用心理测试或者一些开放性的问题来评估应聘者的个性特质、行为风格、职业兴趣等。

【任务描述】

笔试作为招聘过程中的一种评估工具，有助于公司筛选合适的人才，确保公平性、提高招聘效率。本次实训的任务是由学生小组自行进行角色分配（考官和应聘者），在实训系统中模拟演练考题选择、应聘者作答，以及笔试评价等环节，以直观地了解并应用笔试这种评估工具。

【任务实施】

1. 角色分配

单击系统主页面左侧功能栏的"人员选拔"，单击其中的"笔试"，进入笔试界面。角色分配如图6-5所示。小组协商确定应聘者和考官的角色，其中，至少有一位考官，其余为应聘者。角色分配完成后，担任相应角色的学生点击界面中的人物头像，入座。

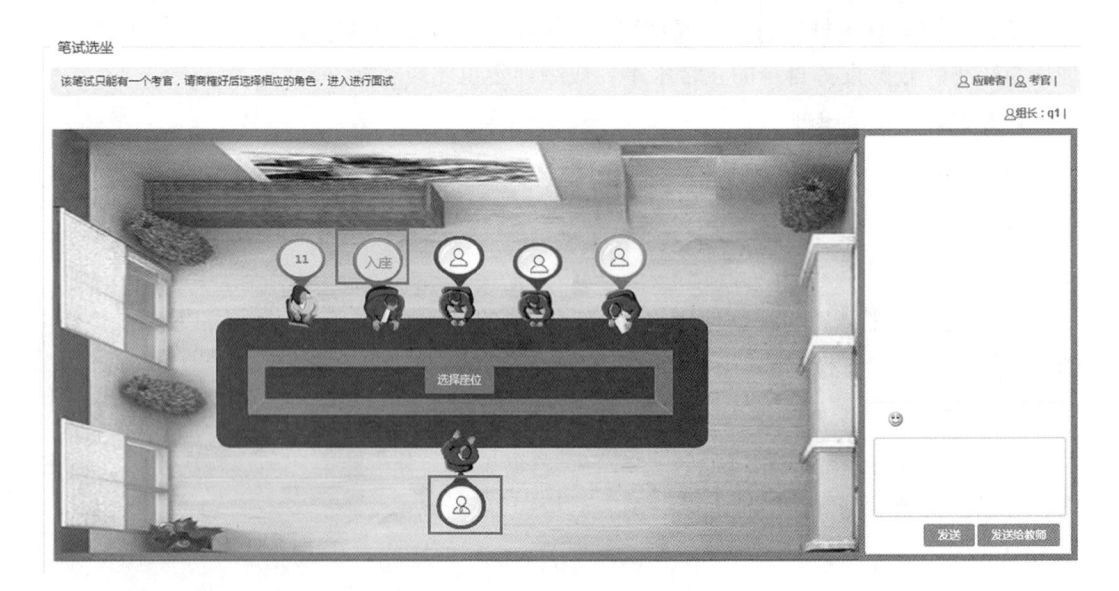

图 6-5　角色分配

2. 考题选择

待小组内成员全部到齐之后（人员无法到齐的情况下，可以在右边对话框发消息给教师，请求直接开始），选择考官位置的学生可以单击"开始选题"，在跳出的选题框中选择所需的问题，单击"确定"。考题选择界面如图 6-6 所示。

选择笔试题目

返回

笔试题目总分应达到100分，选择题每题10分，主观题每题15分。

☑ 多少个加油站才能满足中国的所有汽车？
☐ 谁一直对你的职业生涯有重要影响，为什么？
☐ 有7克、2克砝码各一个，天平一只，如何只用这些物品三次将140克的盐分成50克、90克各一份？
☐ 为什么在任何旅馆里，你打开热水，热水都会瞬间倾泻而出？
☐ 你最要好的朋友是什么人，你们认识多久了，她（他）对你的评价如何？

图 6-6　考题选择界面

3. 应聘者作答

当考官确定好笔试题目后，选择应聘者角色的学生可以单击"开始答题"。答题界面如图 6-7 所示。

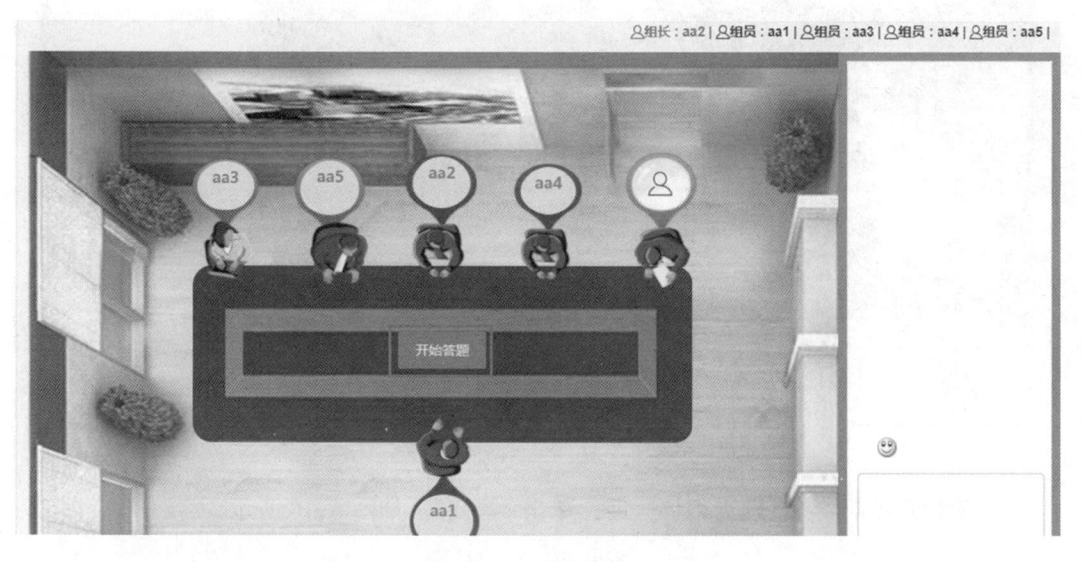

图 6-7　答题界面

应聘者进入答题界面，答题完成后，单击"提交"。应聘者作答如图 6-8 所示。

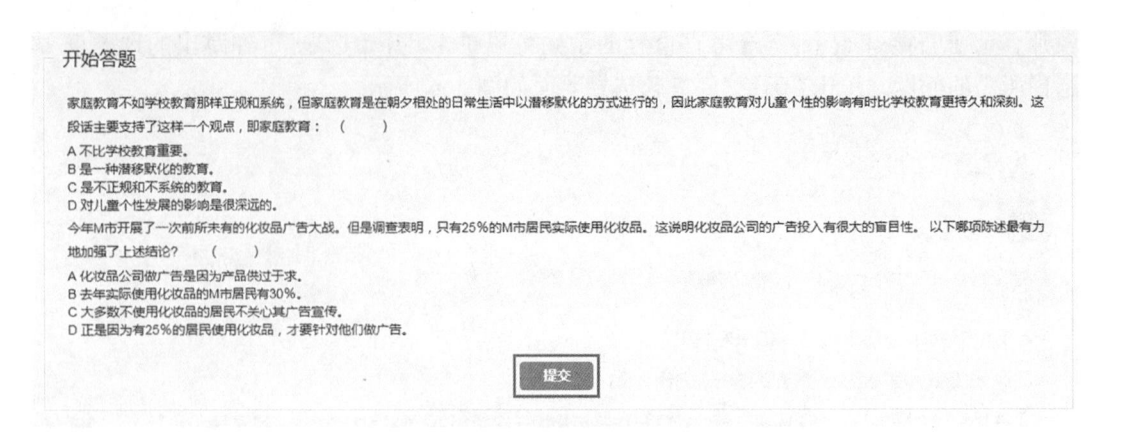

图 6-8 应聘者作答界面

4. 考官评分

当所有应聘者都答题完成后，扮演考官角色的学生单击"批改成绩"，对每个应聘者的答题情况进行评分。考官评分界面如图 6-9 所示。

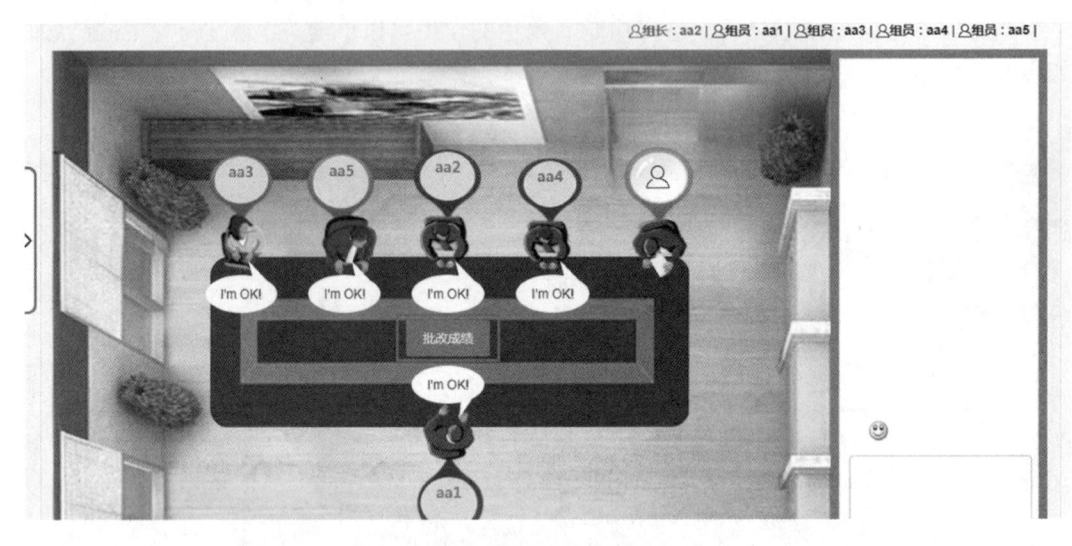

图 6-9 考官评分界面

考官将所有应聘者答题进行评分后，单击"提交"，如图 6-10 所示。

图 6-10 提交评分界面

待考官提交评分结果之后，可以单击"查看分数"，查看考官评分。查看分数界面如图 6-11 所示。

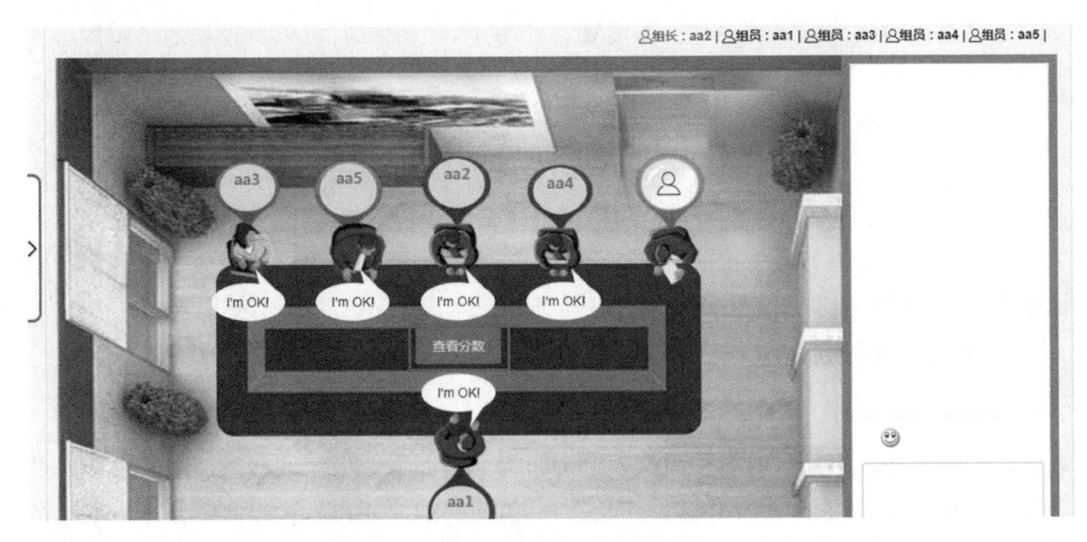

图 6-11　查看分数界面

6.3　面　　试

【核心知识】

面试是企业人员招聘中最常用的人才选拔方法，是一种经过精心设计，在特定场景下，以面对面的交谈和观察为主要手段，对受测者的相关素质进行测评的选拔技术。

1. 面试的主要特点

（1）直接性

面试是一种直接的交流方式，面试官和候选人可以面对面地进行互动，直接观察和了解对方。

（2）互动性

面试是一个双方互动的过程，双方可以通过提问、回答、讨论等方式进行交流，更好地了解彼此的需求和期望。

（3）灵活性

面试可以根据具体情况进行调整和定制。面试官可以根据不同的职位和候选人的特点，灵活地设计问题和考察内容。

（4）综合性

面试可以综合考察候选人的知识、技能、能力、态度等多个方面，从而更全面地评估其是否适合该职位。

（5）直观性

通过直接观察候选人的表现、态度和言谈举止等，面试官可以更直观地了解候选人的性格特点、沟通能力和工作态度。

（6）双向选择

面试不仅是雇主选择候选人的过程，也是候选人了解雇主和所应聘职位的机会。候选人可以通过面试评估自己是否对该职位感兴趣，以及与公司文化是否契合。

总之，面试作为一种常用的招聘工具，具有直接、互动、灵活、综合、直观、双向选择等特点，能够帮助雇主和候选人更好地了解彼此，做出更准确的选择。

2. 常用的几种面试方法

（1）行为表现面试法

行为表现面试法是一种基于候选人过去行为的面试方法，面试官通过询问候选人过去的行为和具体事例，来评估候选人的能力、技能和适应能力。这种面试方法的重点是了解候选人在实际工作环境中的表现，而不是仅仅依赖于他们的简历和口头描述。

在使用行为表现面试法时，面试官应该明确地询问候选人过去的工作内容和具体事例，并要求他们详细描述自己在这些情况下的行为和决策。面试官应该仔细倾听候选人的回答，并对他们的回答进行深入的追问和探究，以便更好地了解候选人的实际表现和能力。此外，面试官还应该注意保持客观和公正，避免受到个人偏见和主观判断的影响。

视频：行为表现面试中的STAR原则

（2）情景模拟面试法

情景模拟面试法是一种模拟实际工作场景的面试方法，通常用于评估候选人在特定情境下的行为和决策能力。这种面试方法通常会给候选人提供一个模拟的工作场景，并要求他们在场景中扮演一个角色，然后根据他们的表现和决策来评估他们的工作能力和适应能力。

在使用情景模拟面试法时，面试官应该明确地向候选人说明模拟场景的背景和要求，并提供必要的信息和资源。然后，面试官应该观察候选人的表现和决策，并对他们的表现进行评估和评价。在评估候选人的表现时，面试官应该注意评估他们的实际能力和决策质量，同时也要考虑到他们在模拟场景中的适应能力和工作风格。

视频：情景面试问题设计的要点

（3）压力面试法

压力面试法是面试官通过提出一些具有挑战性、尖锐或不寻常的问题，或者给予求职者时间限制、多重任务等压力环境，故意制造紧张气氛，以观察候选人的应对能力和抗压能力，评估候选人在高压力情况下的沟通能力、应变能力、解决问题的能力和情绪管理能力等。

在使用压力面试法时，面试官应该注意评估候选人的实际能力和决策质量，同时也要考虑到他们在压力环境下的适应能力和应对方式。要特别注意

视频：压力面试法的应用场景

的是，压力面试也需要适度进行，以免给求职者带来过度的紧张和不适。面试官应该在面试过程中给予求职者适当的反馈和指导，确保面试过程公平、公正且具有建设性。

（4）互动类群体面试

互动类群体面试是一种比较新颖的面试方法，它结合了小组面试和互动环节，旨在更全面地评估候选人的能力和素质。在这种面试中，候选人通常会被分成小组，通过合作完成一个项目或解决一个问题。与传统小组面试不同的是，互动类群体面试还会加入一些互动环节，例如小组讨论、角色扮演、案例分析等，以观察候选人在团队合作、沟通、领导力、解决问题等方面的能力。

在进行互动类小组群体面试时，面试官需要提前设计好互动环节和评估标准，确保面试的公正性和准确性。同时，面试官也需要在面试过程中引导小组的讨论和互动，确保每个候选人都有机会展示自己的能力。候选人在参加这类面试时，要积极参与小组讨论和互动，展示自己的沟通和合作能力，同时也要注意团队的整体目标，发挥自己的优势，为小组的成功合作作出贡献。

视频：互动类群体面试的应用场景

【任务描述】

面试是一种通过面对面交流或远程沟通的方式，对候选人进行评估和选拔的过程。它是招聘流程中重要的一环，旨在了解候选人的能力、技能、知识、经验、态度等方面的信息，以判断其是否适合特定职位或组织。面试也是学生作为求职者进入职场前必经的考察关。本次实训任务分为两部分，第一部分由学生小组自行分配考官和应聘者角色，开展模拟面试；第二部分是学生扮演面试官的角色，观看并记录视频中面试者的行为，并对其进行评价与分析。

【任务实施】

单击系统主页面左侧功能栏的"人员选拔"，单击其中的"面试"，进入面试界面。实训系统中的面试环节包含模拟面试和视频分析两部分。面试界面如图6-12所示。

图6-12 面试界面

1. 模拟面试

（1）选择面试岗位

单击图 6-12 中的"模拟面试"，由组长选择面试的情景，小组成员单击进入。选择面试岗位界面如图 6-13 所示，选择其中一个岗位进行模拟面试。

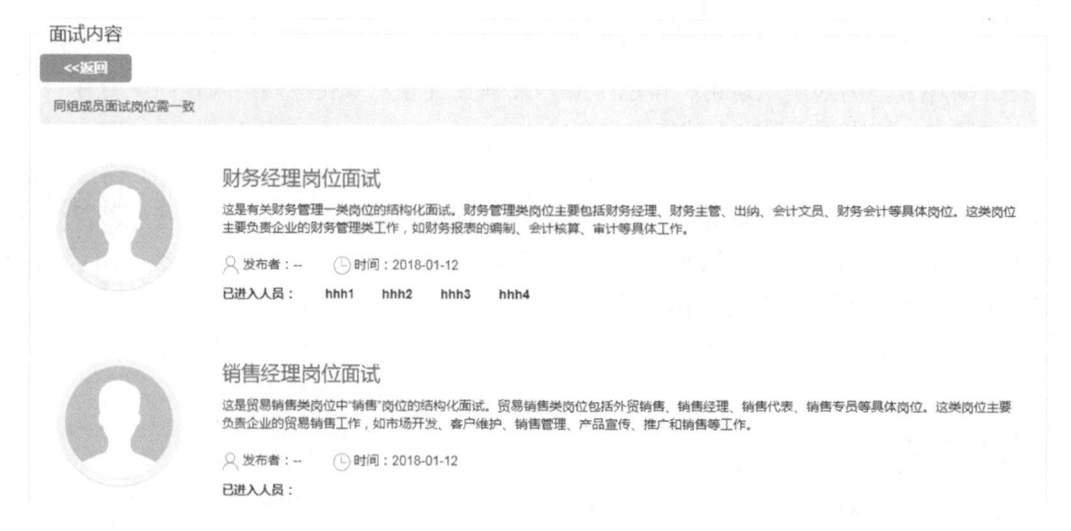

图 6-13　选择面试岗位界面

（2）角色分配

小组协商确定应聘者和面试官的角色，其中，面试官不得少于两名，其中有一位必须是主考官，其余为应聘者，至少需要一位应聘者。角色分配完成后，在角色分配界面单击人物头像，选择考官或应聘者角色。角色分配界面如图 6-14 所示。

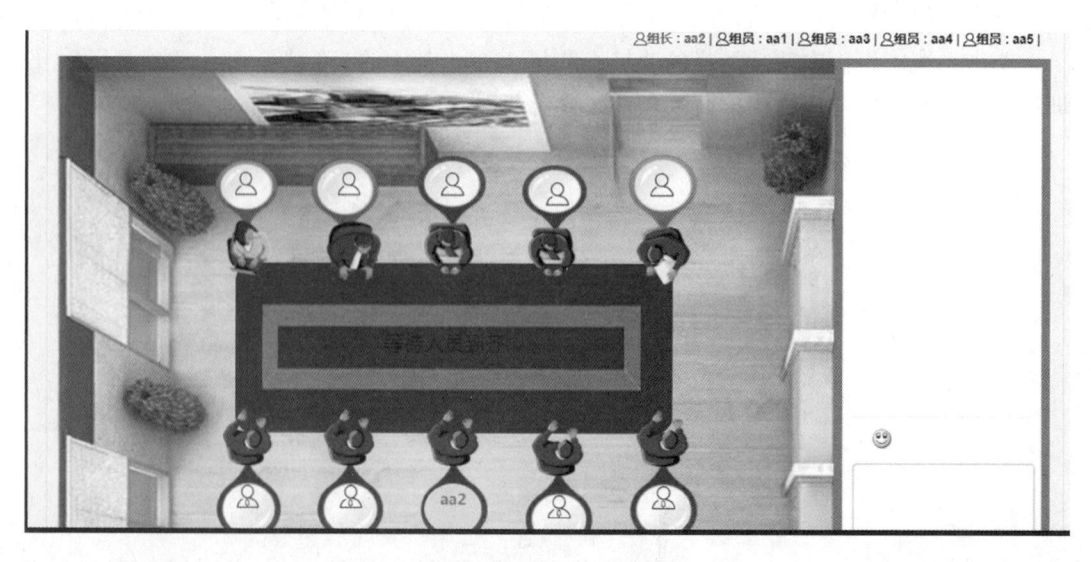

图 6-14　角色分配界面

（3）考官设置面试

小组内成员全部到齐之后，选择考官位置的人可以单击"进入"，进入面试界面如图 6-15 所示。

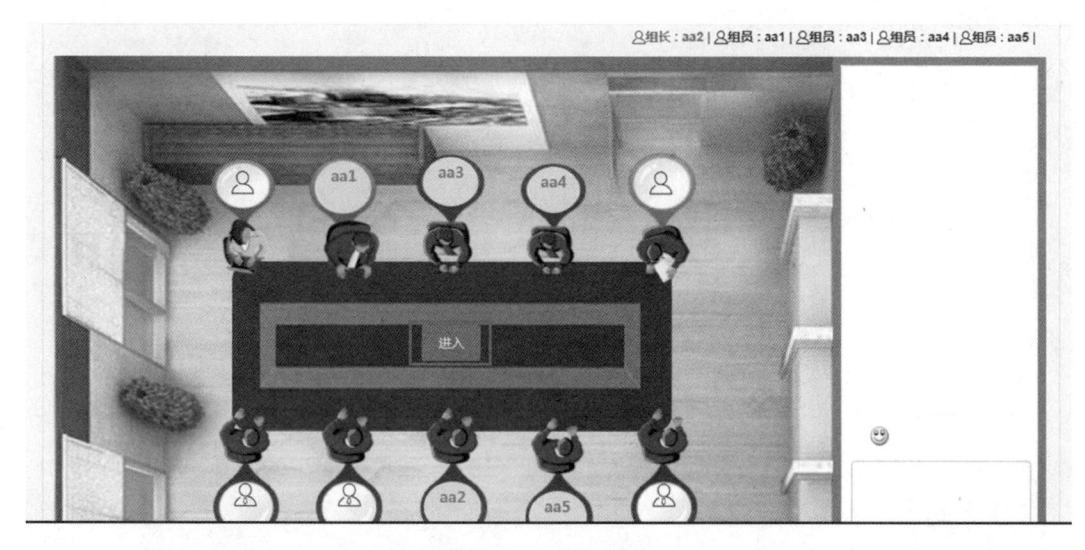

图 6-15　面试界面

考官在题目选择框中选择所需的问题，单击"提交"，提交选题，同时选择评分表。考官设置面试界面如图 6-16 所示。

注：只有主考官可以提交问题，副考官只能查看选题，并通过右边"考官对话"框与主考官讨论选题。

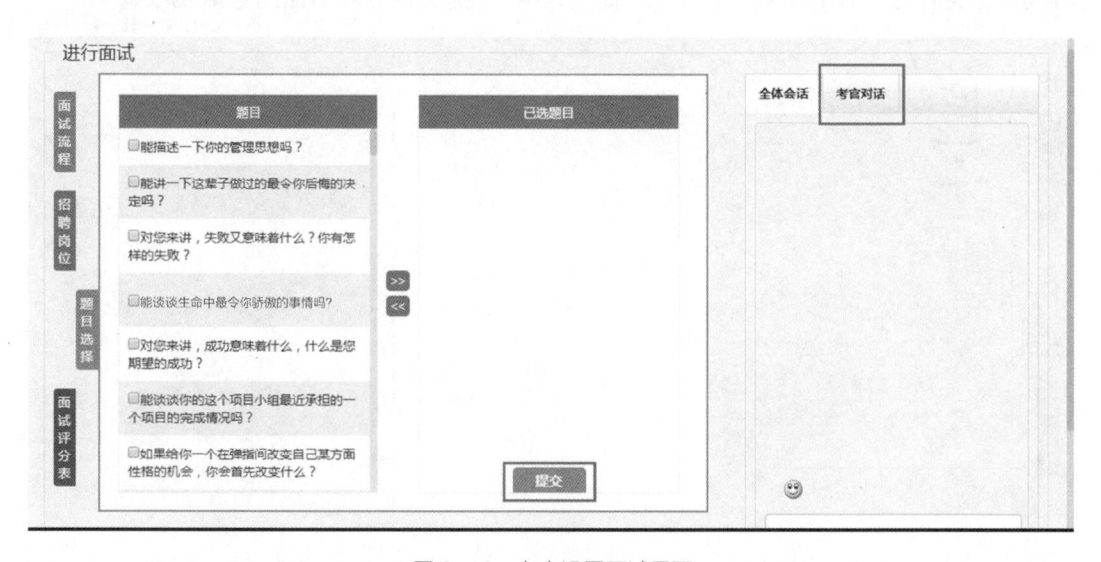

图 6-16　考官设置面试界面

（4）应聘者接受面试

考官设置面试题目之后，扮演应聘者角色的人单击"进入"，进入面试界面，选择"查看题目"，在右侧"全体对话"框中输入自己的回答。应聘者接受面试后界面如图6-17所示。

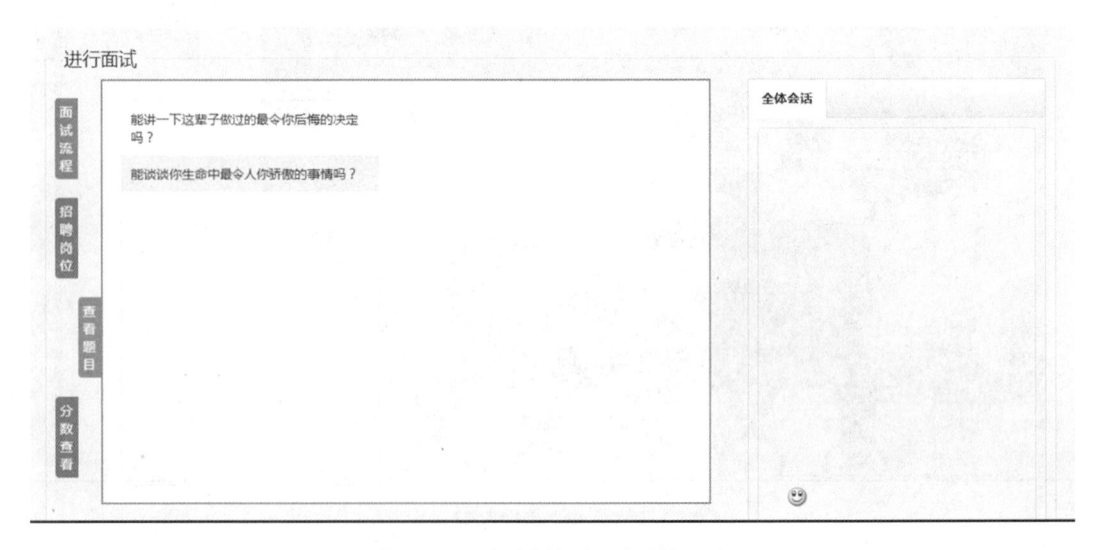

图6-17 应聘者接受面试后的界面

（5）考官提交评分

当所有应聘者都答题完成后，扮演考官角色的学生选择"打分"，对每个应聘者的答题情况进行评分。评分结束后，单击"提交"。考官提交评分界面如图6-18所示。

图6-18 考官提交评分界面

2. 视频分析

（1）进入视频面试

在面试界面单击"视频分析"，进入视频分析界面。单击面试视频，如图6-19所示。在该界面中，首先呈现了招聘职位的相关信息，包括公司名称、招聘职位、职位要求等，同时，界面中呈现了3个结构化面试场景，实训时，需要依次看完3个视频，并进行分析评价。

图6-19　面试视频界面

（2）观看与评价

依次点击播放3个结构化面试场景视频，每个场景中有1位该职位的候选人完整的面试过程。

实训时，从面试官的视角，倾听、观察、记录视频中候选人的行为表现，并填写表格。视频面试评价如表6-2所示。

表6-2 视频面试评价

测评要素	权重	观察要点	评价标准 好	评价标准 中	评价标准 差	得分
语言表达	15	1. 口齿是否清晰，语言是否流畅 2. 用词是否得当，意思表达是否准确 3. 内容是否有条理性和逻辑性	11-15	6-10	0-5	
综合分析能力	20	1. 能否对问题或现象做深入剖析 2. 对问题或现象的产生根源有无认识 3. 能否针对问题或现象提出对策，对策是否可行 4. 有无独到见解	15-20	7-14	0-6	
应变能力	20	1. 面对压力或问题情绪是否稳定 2. 思维反应是否敏捷 3. 考虑问题是否周全 4. 解决办法是否有效可行	15-20	7-14	0-6	
人际交往能力	15	1. 有无主动与人合作的意识 2. 与人能否进行有效沟通 3. 对人际关系的处理是否违背原则或者影响工作	11-15	6-10	0-5	
计划组织协调能力	20	1. 能否根据工作目标预见有利和不利因素 2. 能否根据现实需要和长远效果做出计划与决策 3. 能否合理配置人、财、物等资源	15-20	7-14	0-6	
举止仪表	10	1. 穿着打扮是否得体 2. 言行举止是否符合一般的礼仪 3. 有无多余的动作	8-10	4-7	0-3	
总分						
考官评语			考官签名：			

（3）确定录取人员

依次对3位候选人的面试过程进行观察与评价之后，针对招聘职位的要求，结合3位候选人的面试表现，确定最终的录用人选，并填写录取理由。确定录取人员界面如图6-20所示。

图 6-20　确定录取人员

6.4　评价中心

【任务描述】

评价中心是一种综合性的人力资源评估技术，它通过多种测评手段和工具，对被评估者在特定情境下的行为、能力、个性特征等进行评估。在现代企业人员招聘选拔中，评价中心技术被越来越多地应用，如选拔中高层管理人员，评估他们的领导能力、决策能力、团队合作能力等。同时，评价中心技术也可用于需要特定专业技能的岗位，评估他们的专业知识、问题解决能力和创新能力。本次实训任务是根据实训系统提供的场景，对评价中心三个典型的方法包括角色扮演、公文筐测试、无领导小组讨论进行演练。实训时，学生以小组为单位进行实训演练。

【核心知识】

1. 评价中心的特点

评价中心是一种综合性的人才评估方法，它结合了多种测评手段，如情景模拟、文件筐测试、面试等，以全面评估候选人的能力、素质和潜力。

评价中心技术的特点包括以下几点。

（1）情景模拟

评价中心技术往往通过模拟真实的工作场景和任务，让候选人在模拟环境中展示自己的能力和行为，从而更准确地评估其实际工作能力。

（2）多种测评手段结合

评价中心技术综合运用了多种测评手段，如情景模拟、文件筐测试、面试等，从不同角度评估候选人的能力和素质。

（3）多维度评估

评价中心技术不仅关注候选人的知识和技能，还关注其个性特质、动机、价值观等方面，从而更全面地评估其综合素质。

（4）客观性和公正性

评价中心技术采用标准化的测评流程和评估标准，减少了主观因素的影响，提高了评估的客观性和公正性。

（5）反馈和发展

评价中心技术不仅用于选拔人才，还可用于为候选人提供反馈和发展建议，帮助他们提升自己的能力和素质。

总的来说，评价中心技术是一种较为全面、客观、有效的人才评估方法，可以帮助组织选拔适合的人才，并为候选人的职业发展提供指导。

视频：评价中心技术的应用场景

2. 评价中心几种典型的方法

（1）角色扮演

角色扮演是一种情景模拟方法，它要求候选人在模拟的情境中扮演特定的角色，并与其他角色进行互动，以展示其应对特定情境的能力。在角色扮演中，候选人需要根据给定的情境和角色要求，表现出相应的行为、态度和技能。

在进行角色扮演时，面试官通常会提供一个具体的情境和角色要求，候选人需要在规定的时间内进行角色扮演。面试官会观察候选人的表现，并在角色扮演结束后与候选人进行讨论，以便进一步了解其思考过程和应对策略。

角色扮演也可以用于评估候选人在各种情境下的应对能力，例如客户服务、团队合作、领导能力、冲突解决等。通过观察候选人在角色扮演中的表现，面试官可以评估其沟通能力、问题解决能力、应变能力、团队合作能力等。

视频：角色扮演的优缺点

（2）公文筐测试

公文筐测试也被称为公文处理，是一种常用的人才测评方法。在公文筐测试中，候选人通常会收到一系列文件，如邮件、报告、备忘录等，这些文件模拟了实际工作中的任务和问题。候选人需要根据文件中的信息，分析问题、制订解决方案，并做出相应的决策。公文筐测试可以评估候选人的时间管理能力、问题解决能力、沟通能力、决策能力等。

视频：公文筐测试的优缺点

在进行公文筐测试时，通常会给候选人提供一些指导和说明，以确保测试的公正性和准确性。测试结束后，评估人员会根据候选人的处理结果和决策进行评估。

（3）无领导小组讨论

无领导小组讨论是一种常用的面试方法，它要求一组候选人在没有指定领导的情况下，通过讨论和合作来解决一个问题或达成一个决策。在无领导小组讨论中，候选人需要展示自己的沟通能力、团队合作能力、问题解决能力和领导能力等。

无领导小组讨论组织与实施的一般步骤有以下几点。

①确定讨论主题。根据招聘岗位的要求和公司的实际情况，确定一个与工作相关的主题或问题，以供候选人进行讨论。

②组建讨论小组。将候选人分成若干个小组,每个小组一般由 4～8 名候选人组成。

③提供背景资料。给每个小组提供相关的背景资料和讨论要求,让他们得到足够多的信息来准备讨论。

④开展讨论。主持人宣布规则之后,每个小组自行开始讨论,讨论时间一般为 30～60 分钟。在讨论过程中,观察者可以在一旁观察候选人的表现,但不应干预讨论。讨论阶段可分为个人陈述、自由辩论、总结陈词 3 个环节。

⑤评估候选人。观察者根据候选人在讨论中的表现,评估他们的团队合作能力、沟通能力、问题解决能力、领导能力等。可以使用评分表或评价标准来进行评估。

视频:无领导小组讨论的优缺点

【任务实施】

单击系统主页面左侧功能栏的"人员选拔",单击其中的"评价中心",进入评价中心模块。该模块包含 3 种方法:角色扮演、公文筐测试、无领导小组讨论。评价中心界面如图 6-21 所示。依次对 3 种方法进行实训演练。

图 6-21 评价中心界面

1. 角色扮演

单击评价中心界面中的"角色扮演",进入角色扮演实训模块。在该实训环节中,学生以 3～5 人为一组,完成该实训任务。

(1)案例选择

在角色扮演模块,系统提供了两个案例背景。案例选择界面如图 6-23 所示。各小组讨论协商后,统一选择其中一个背景案例进行实训。

图 6-22　案例选择界面

（2）角色分配

实训案例选择完成之后，小组内部协商分配角色。案例一至少需要4名扮演者，其中必须有1名主考官，3名应聘者。案例二至少需要2名扮演者，其中，必须有1名主考官和1名应聘者。各小组根据角色要求合理分配角色。角色分配完成后，在角色扮演界面单击人物头像，选择考官或应聘者角色，等小组内成员全部到齐之后，选择考官位置的学生可以单击"进入"。角色分配界面如图6-23所示。

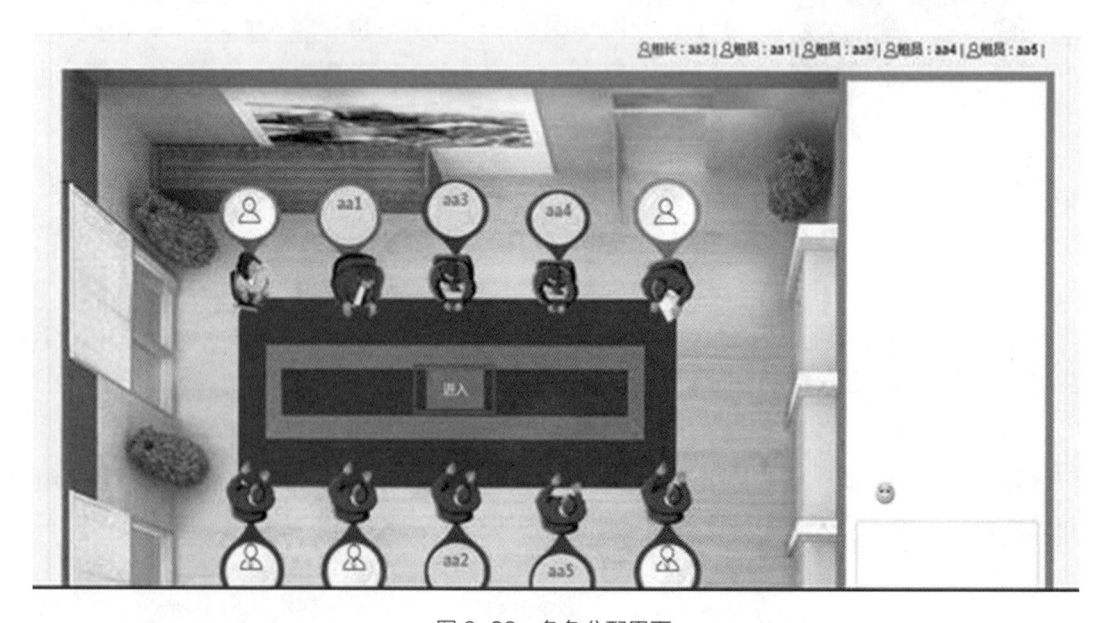

图 6-23　角色分配界面

（3）角色扮演讨论

扮演应聘者角色的学生在角色扮演界面中单击"角色扮演案例"，并通过对话框进行讨论。角色扮演讨论界面如图 6-25 所示。系统默认角色扮演讨论时间为 10 分钟。

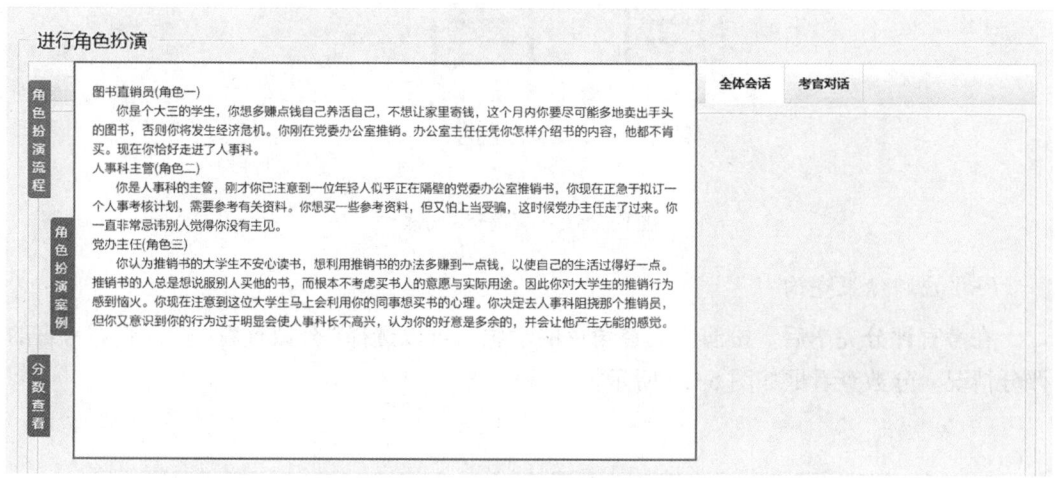

图 6-24　角色扮演讨论界面

（4）考官打分评价

扮演考官角色的学生在角色扮演界面选择所需的评分表。角色扮演评分表选择界面如图 6-26 所示。在应聘者进行角色扮演讨论过程中，考官要注意各位应聘者的表现。

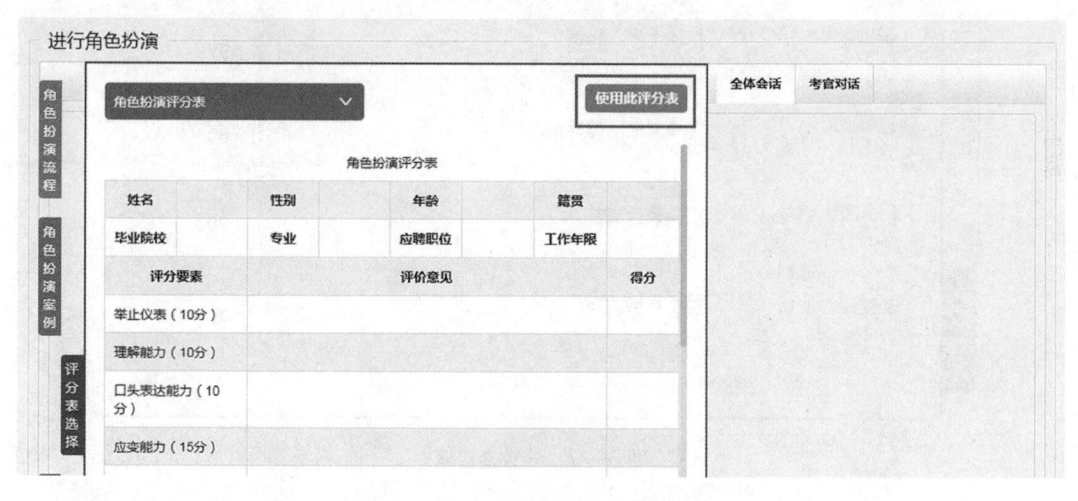

图 6-25　角色扮演评分表选择界面

在应聘者角色扮演讨论结束后，考官进入打分界面。系统会显示各位求职者的评分表。考官依次打开求职者的评分表，根据各位应聘者问答和讨论情况进行打分并提交打分表。考官提交评分表界面如图 6-26 所示。

李白　　　　王浩

图 6-26　考官提交评分表

（5）应聘结果查询

在考官评分完毕后，扮演应聘者角色的学生，可以选择"分数查看"栏，查看考官的评分情况。分数查看框如图 6-27 所示。

图 6-27　分数查看框

2.公文筐测试

单击评价中心界面中的"公文筐测试"，进入公文筐测试界面。

（1）查看测试背景

在公文筐测试界面，呈现了公文筐测试的背景信息，列出了需要处理的公文。查看案例背景如图 6-28 所示。实训时，学生需要仔细查看阅读测试背景，明确自己在公文筐测试中的角色，本环节学生需独立完成。

公文筐测评

<<返回

假定你是上海某合资食品公司的总经理,下面的任务都要求你一个人单独完成,今天是5月18日,你到公司总部开了一天的会议刚回来,已经是下午4:40。你的办公桌上有一堆文件,你最好在5:00点前处理完毕,因为你将要去北京参加全国食品卫生鉴定会,机票已经订好,司机小王5:00来接你去机场,你要到5月24日才能回到你的办公室办公,你公司的主要产品是星星牌系列食品,产品市场需求量很大正打算扩大生产规模。好,你现在可以开始工作了。

文件一　文件二　文件三　文件四　文件五　文件六

图 6-28　查看案例背景

（2）事件排名及处理

实训时,学生依次打开系统提供的公文筐测试文件（公文）,查看文件内容。待全部文件都查看一遍后,对所有文件进行综合评估,然后对每一份文件中的事件的紧急情况进行排名。排名越靠前,表示事件越紧急。在事件排名的同时,要写明排名理由,并对该文件展示的事件提出处理方案。事件排名及处理界面如图6-29所示。

文件一：　　　　　　　　　关于加强职工教育培训工作的报告
　　职工教育是开发、培养人才的重要途径,是企业持续发展的可靠保证。我公司百分之五十的职工没有达到大专程度,基础知识缺乏,业务方面实际操作水平低,多数管理人员业务水平低,且缺乏现代企业经营管理的知识。如果不改变这种状况就很难掌握先进的技术和设备,就不能管好现代化的企业。就不能消除人力、物力、财力的巨大浪费,也就难以大幅度提高劳动生产率。我公司虽然生产任务很重,但提高职工的素质也是势在必行的。所以有必要把干部、职工最大限度地组织起来,有计划地进行态度观念、文化、技术业务的培训,我们计划在5月20日下午3:00-5:00举行培训协调大会,到时请你出席并为大会讲话,以引起有关人员的高度重视,完成我们的培训计划,从而为企业发展作出贡献。

培训部：田二平
5月18日

紧急事件排名　第1名

理由

处理方案

确定

图 6-29　事件排名及处理界面

对每一份文件中的事件进行排名后,系统会将排名自动标注到相应的文件上。文件排序如图6-30所示。

公文筐测评

<<返回

假定你是上海某合资食品公司的总经理,下面的任务都要求你一个人单独完成,今天是5月18日,你到公司总部开了一天的会议刚回来,已经是下午4:40。你的办公桌上有一堆文件,你最好在5:00点前处理完毕,因为你要去北京参加全国食品卫生鉴定会,机票已经订好,司机小王5:00来接你去机场,你要到5月24日才能回到你的办公室办公,你公司的主要产品是星星牌系列食品,产品市场需求量很大正打算扩大生产规模。好,你现在可以开始工作了。

| 文件一 | 文件二 | 文件三 | 文件四 | 文件五 | 文件六 |

图 6-30　文件排序

（3）查看解析

所有文件处理完毕提交后,单击系统中的"参考解析",便出现系统提供的参考解析。可将自己的公文筐处理结果与参考解析进行对比,并进行总结与反思,如图 6-31 所示。

文 件 名：文件二
排　名：1
理　由：从财务状况看,目前存在资金紧张问题,银行贷款对企业的正常运营影响很大。资金链万万不可断。另外,一般的鉴定会前两天是过场,可以略晚一点出席。当然食品鉴定对食品企业非常重要,一定要参与。

处理方案：
改签机票,明天下午3点和赵行长面谈贷款事宜。

文 件 名：文件四
排　名：2
理　由：(1) 该还的一定要还。(2) 保持账面资金可以周转。(3) 不可影响到银行信用,否则对贷款谈判不利。

图 6-31　查看解析界面

3. 无领导小组讨论

单击评价中心界面中的"无领导小组讨论",进入无领导小组讨论模块。无领导小组讨论界面如图 6-32 所示。系统提供了两种演练模式,一种是内部讨论,一种是考官考评。内部讨论模式,以 3～5 人为一组,扮演应聘者角色。考官考评模式,考官角色可以独立完成。

图 6-32　无领导小组讨论界面

（1）内部讨论

①案例选择。在无领导小组讨论界面，单击"内部讨论"，系统呈现 3 个讨论案例。案例讨论选择如图 6-33 所示。可以自行选择案例进行讨论，但是同组成员需要进入同一个案例进行操作。

图 6-33　案例讨论选择

②进行讨论。所有小组成员进入同一个讨论案例之后，由小组长（第一个进入的成员默认为小组长）单击"开始讨论"，所有成员查看讨论背景资料并进行讨论。无领导讨论时间限制为20分钟，小组成员在对话框内发表各自观点。无领导小组讨论进行中如图6-34所示。

图6-34　无领导小组讨论进行中

③提交结论。讨论结束以后小组组长提交讨论结果。提交结论界面如图6-35所示。其他小组成员可以单击"查看结论"进行查看。

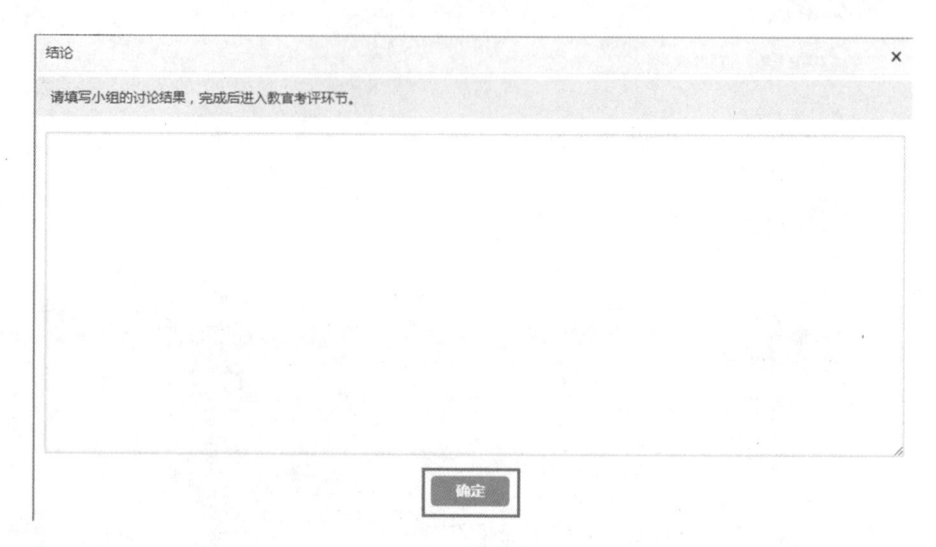

图6-35　提交结论界面

（2）考官考评

①查看案例及视频。在无领导小组讨论界面，单击"考官考评"，系统呈现出内部讨论案例及讨论视频界面。案例及视频界面如图6-36所示。

图 6-36　案例及视频界面

单击"无领导讨论视频",系统呈现出无领导小组讨论题目及讨论视频。无领导小组讨论题目如图 6-37 所示,无领导小组讨论视频如图 6-38 所示。

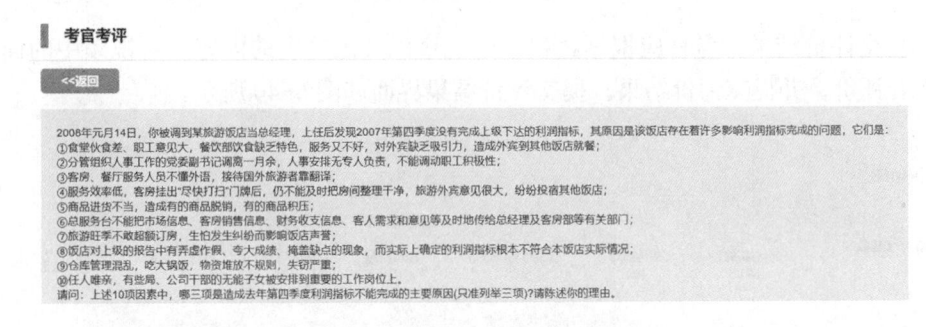

图 6-37　无领导小组讨论题目

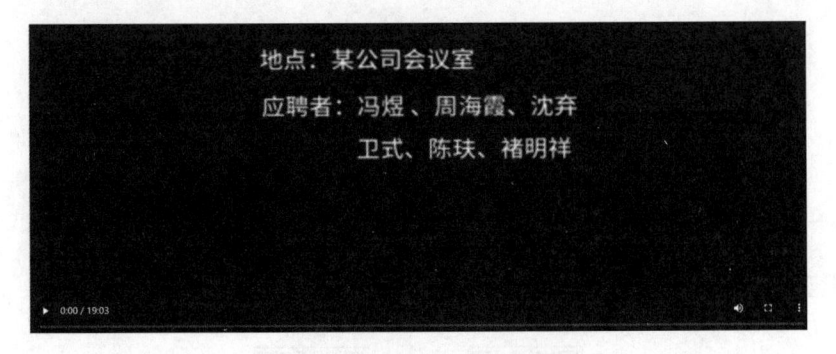

图 6-38　无领导小组讨论视频

②观看讨论视频。考官角色可观看无领导小组讨论视频。过程中,注意观察视频中面试者的言谈举止,并将相关信息记录在考评记录表中。考评记录如图 6-39 所示。

发言清楚	
有分析	
概括或总结	
做决议	
口述技巧	
非语言表情	
随机应变	
发言的主动性	
反应灵敏	
结论	

+添加　-删除

提交

图 6-39　考评记录

③提交评价结果。考官应根据过程中的观察以及记录表的内容，对视频中的面试者进行综合评价，并提交评价结果。提交评价结果界面如图 6-40 所示。

考官姓名				部门			
被评价者姓名	综合分析能力(A)	表达能力(B)	逻辑性与创造力(C)	领导能力(D)	团队精神(E)	举止、仪表(F)	综合得分

+添加　-删除

提交

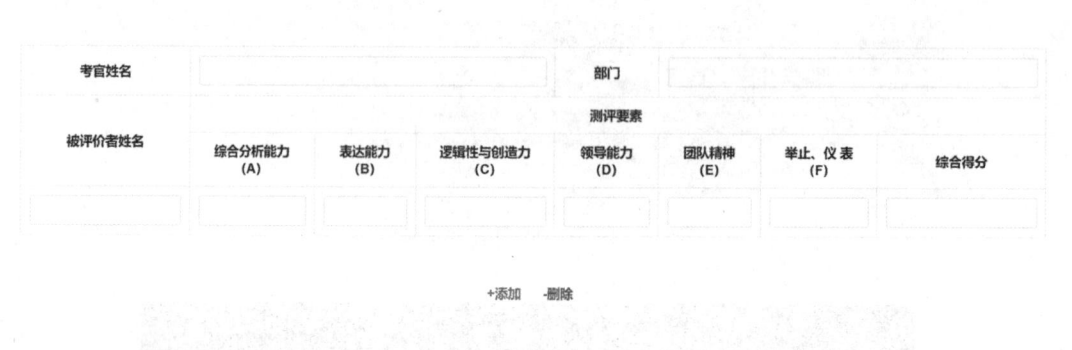

图 6-40　提交评价结果界面

巩固与提升

自测题目　　延伸阅读

线下拓展训练

【训练项目】策划并组织人员选拔活动

【训练目的】通过训练，巩固人员选拔的相关理论知识，能够掌握简历筛选、面试、无领导小组讨论等人才评估的方法，提升专业技能，培养团队协作精神和沟通能力。通过训练认识到创新型人才对组织发展的重要性。

【训练步骤】

1. 教师指定或者学生自行分组，每组 5～7 人，组内分工合作。由教师给定或者小组成员自己收集一家公司的背景信息以及公司某一岗位的招聘信息（包括招聘需求、岗位说明书等）。在教师指导下开展人员招募活动，将招聘信息发布给授课班级学生，由授课班级学生扮演应聘者角色（如有可能，也可吸引其他求职者）。

2. 各招聘小组收集应聘者简历，对简历进行筛选，列出进入到面试或者无领导小组讨论环节的候选人名单并通知到候选人。

3. 开展面试或者无领导小组讨论。可以二选一，时间允许的情况下也可两种技术都演练。具体安排如下。

①无领导小组讨论：根据岗位需求，确定测评指标，设计无领导小组讨论测题，组织无领导小组讨论。

②结构化面试：根据岗位需求，确定测评指标，设计结构化面试提纲与面试评价表，组织结构化面试。

③结合无领导小组讨论或者结构化面试结果，小组拟定推荐人员名单，并提供书面推荐意见（每一个推荐者至少写出三点推荐理由）。

4. 各小组人员选拔活动结束，教师组织小组间课堂汇报与交流，师生对每个小组的项目训练过程与成果进行评价。

5. 各小组结合项目训练的全过程进行总结与反思，以进一步提升训练的意义。

【训练成果】形成面试评价表或无领导小组讨论评价表。

【训练考评】

本训练考评由教师考评与组内考评两部分组成，其中，教师考评是由教师根据小组完成训练项目的及时性、完成训练项目的质量、完成训练项目过程中的创造性与团队合作性等情况给予小组评分。教师评分占训练评分的 70%。组内评分是由各小组根据组内成员在完成训练项目过程中的参与度、贡献度等情况，进行集体评议后对每个成员进行打分。组内评分占训练评分的 30%。线下拓展训练教师评分如表 6-3 所示。线下拓展训练组内评分如表 6-4 所示。

表6-3 线下拓展训练教师评分

项目小组名称		小组成员		
评价指标	指标含义		满分值	教师评分
项目练习的计划性	项目小组能够按照项目计划有序开展各个项目练习,各个招聘阶段规划合理		20	
项目练习的专业度	项目小组项目训练完成度高,能够展示出项目实施者的专业度		35	
项目总结报告的质量	项目训练总结报告条理性好,内容翔实,图文并茂,书写规范		15	
汇报PPT的质量	项目小组汇报PPT设计详略得当,布局合理美观,素材丰富,过程与成果展示充分		10	
品格与素养	小组成员在项目训练中思想端正,富有责任感和人文情怀,表现出踏实好学、积极向上的精神风貌		20	
	总评分			
总体评价与建议				

表6-4 线下拓展训练组内评分

被评者姓名	评分1（组内排序/分值）	评分2（组内排序/分值）	评分3（组内排序/分值）	……	组内评价平均得分
张三					
李四					
王五					
……					

注：组内评分规则说明如下。

组内评分采取民主匿名评价方式，由每个小组成员根据被评价者（本人除外）在本小组项目练习中的参与情况，如贡献大小、学习态度、团队意识等方面的综合表现进行组内排序，根据综合表现由优到次排序依次为1、2、3、4、5……（排名不得有并列现象），再结合排序给其赋分。赋分的规则为第1名100分，第2名95分，第3名90分，第4名85分，第5名80分……依次递减5分，最后组内统计出每位成员的组内评价平均得分。

CHAPTER 7
第 7 章 人员录用

知识目标

掌握人员录用的基本理论与技术要点。

能力目标

能够做出正确的录用决策；能够写出合格的录用通知；能够合理安排录用程序。

素养目标

培养法治意识、公平意识；坚持"尚贤使能"的人才观。

  本章为企业人员招聘与选拔技能训练中基础训练的第五个项目——人员录用。人员录用是企业或组织在招聘过程中，经过一系列的筛选和评估程序，最终选择合适的候选人并给予录用的过程。本项目分解为4个训练任务，任务一为背景调查，任务二为撰写录用通知，任务三为办理入职手续，任务四为入职培训。所有任务依托招聘与甄选技能实训系统在线上实施完成。在每个训练任务开始之前，应先了解、学习与该训练任务相关的核心知识，作为实训的理论支撑。本教材在线上训练项目之后，还设置了线下拓展训练项目，作为线上训练的有益补充，进一步加强了理论与实践的有机融合。

7.1 背景调查

【核心知识】

1. 背景调查的作用

背景调查是通过求职者提供的证明人或以前工作的单位，或通过其他合法途径对求职者的相关信息进行调查核实。具体来说，背景调查有以下几个重要作用。

（1）验证信息真实性

通过背景调查可以验证求职者提供的教育背景、工作经历、薪资情况等信息是否真实可靠，防止求职者造假或夸大。

（2）深度了解求职者

通过背景调查可以对求职者的工作表现、人际关系、离职原因、职业操守等方面进行调查与核实，从而对求职者进行深度了解。

（3）降低企业招聘风险

通过背景调查，严格核实相关信息，全面深入了解求职者，可以帮助企业降低招聘风险，做出更明智、更准确的招聘决策。

2. 背景调查的常见途径

背景调查可以通过不同的途径来实现，常见的途径有以下几种。

（1）学历信息查验

针对求职者的学历信息，可以向其毕业院校核实，也可通过教育部指定的学历查询网站（如学信网）查询，国外的学历可以通过教育部留学服务中心进行认证。

（2）工作经历核实

针对求职者的工作经历，可以与求职者原单位相关人员联系，如直接上级或者同事等与之有密切工作关联的人。通过上述人员了解求职者在过去工作中承担的职责、具体表现，以及人际关系、离职原因等。

（3）职业资格核验

针对求职者所持有的职业资格证书，可以仔细检查证书的印刷质量、印章、签名等细节，判断是否存在伪造。更为可靠的途径是通过相关职业资格证书官网或者扫描证书上的二维码、条形码进行验证。也可以与持证人交流，了解其获得证书的过程和相关经验，以此作为辅助验证的方式。

（4）个人信用调查

如有必要了解求职者的个人信用状况，可以向专业的信用报告机构申请获取，这些机构可以提供信用评分、债务记录、还款历史等，也可以通过一些行业或者协会的信用评分系统来了解，作为个人信用调查的参考。

（5）公共数据库查询

针对求职者的其他信息，如是否存在法律诉讼等，可以通过一些专门的法律数据库或在线平台查询。也有一些地区的法院会提供在线数据库，允许公众查询法律诉讼的信息。有些协会或者行业组织可能会为了整顿业内风气而建立行业内部的不良记录数据库，这也是一种可利用的途径。

特别要注意的是，用人单位在进行背景调查时，无论采用哪一种调查途径，都一定要确保调查的合法性和合规性，同时要保护被调查人的隐私权，并对调查结果进行客观、准确的评估。

参考：背景调查表样例

【任务描述】

员工背景调查是指用人单位通过各种合理合法的途径，来核实求职者的个人履历信息真实性的过程，它是保证招聘质量的重要手段之一。某实业有限责任公司人员经过人员选拔环节，进入人员录用环节。本次实训任务是为该公司设计一些拟录用人员背景调查表中应调查的项目，编写一张拟录用人员背景调查表。

【任务实施】

单击系统界面左侧功能栏的"人员录用"，出现背景调查模块。单击"背景调查"，即可进入背景调查界面。背景调查界面如图7-1所示。实训系统设置了4部分调查内容，实训时，逐一为每个部分设置调查内容。

背景调查

员工背景调查是指用人单位通过各种合理合法的途径，来核实求职者的个人履历信息真实性的过程，它是保证招聘质量的重要手段之一。
现欲为该公司编写一张拟录用人员背景调查表，请你设计一些拟录用人员背景调查表中应调查的项目。

调查项目选择

基本信息	身份背景调查	学历背景调查	工作背景调查
*选择 +自定义	*选择 +自定义	*选择 +自定义	*选择 +自定义

形成背景调查表

图7-1 背景调查界面

1. 基本信息调查项目设置

单击背景调查界面"基本信息"下方的"选择"，出现系统预设的项目。选择基本信息调查项目，如图7-2所示。可以根据对基本信息调查的理解以及实际情况，选择需要调查的项目。

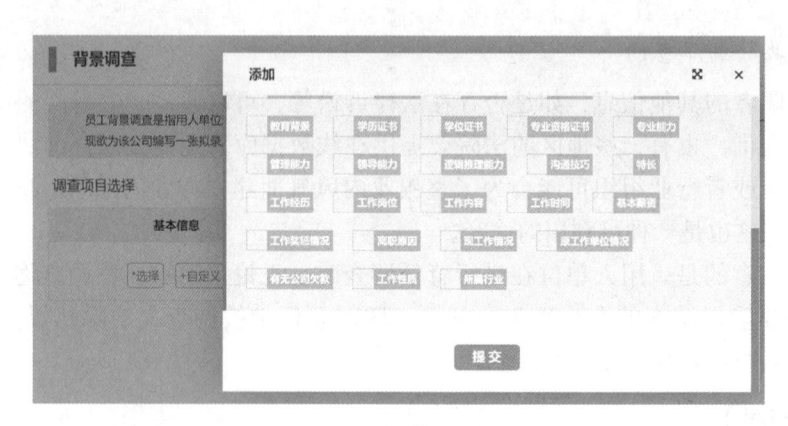

图 7-2　选择基本信息调查项目

也可以在系统预设的项目之外，自定义基本信息的调查项目，如图 7-3 所示。

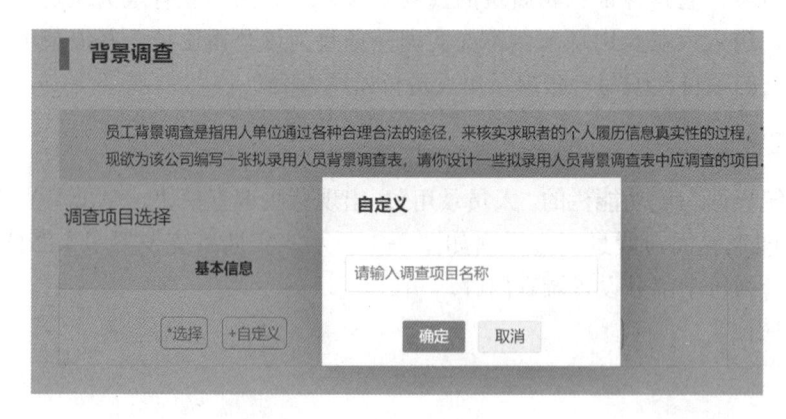

图 7-3　自定义调查项目

2. 身份背景调查项目设置

单击背景调查界面"身份背景调查"下方的"选择"，出现系统预设的项目。选择身份背景调查项目，如图 7-4 所示，可以根据对身份背景调查的理解，以及实际情况，选择需要调查的项目。

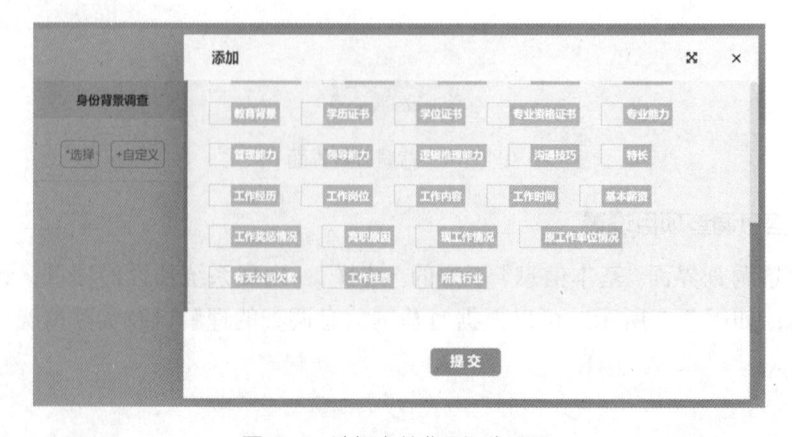

图 7-4　选择身份背景调查项目

也可以在系统预设的项目中之外，自定义身份背景的调查项目，如图7-5所示。

图7-5　自定义身份背景调查项目

3. 学历背景调查项目设置

单击背景调查项目界面"学历背景调查"下方的"选择"，出现系统预设的项目。选择学历背景调查项目，如图7-6所示，可以根据对学历背景调查的理解以及实际情况，选择需要调查的项目。

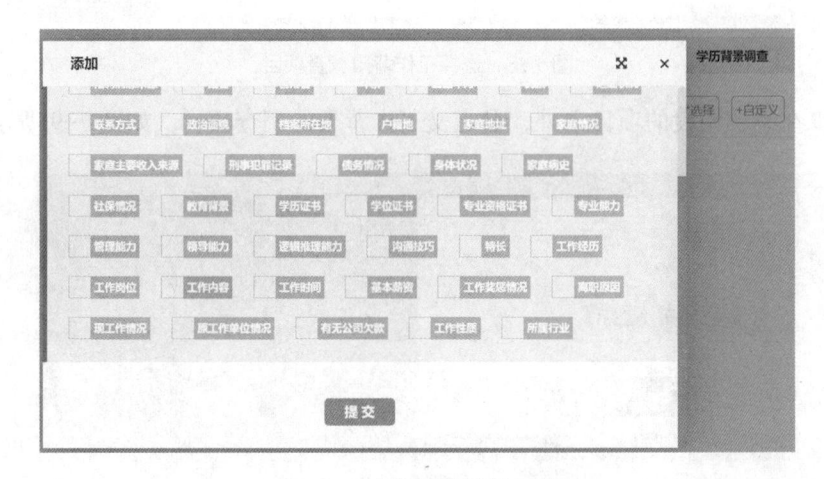

图7-6　选择学历背景调查项目

也可以在系统预设的项目之外，自定义学历背景的调查项目，如图7-7所示。

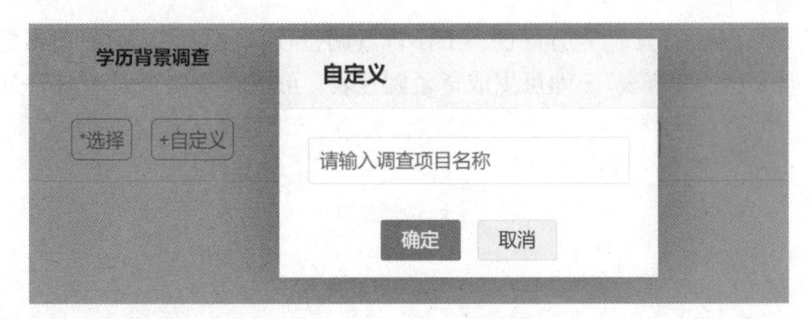

图7-7　自定义学历背景调查项目

4. 工作背景调查项目设置

单击背景调查界面"工作背景调查"下方的"选择",出现系统预设的项目。选择工作背景调查项目,如图7-8所示,可以根据对工作背景调查的理解及实际情况,选择需要调查的项目。

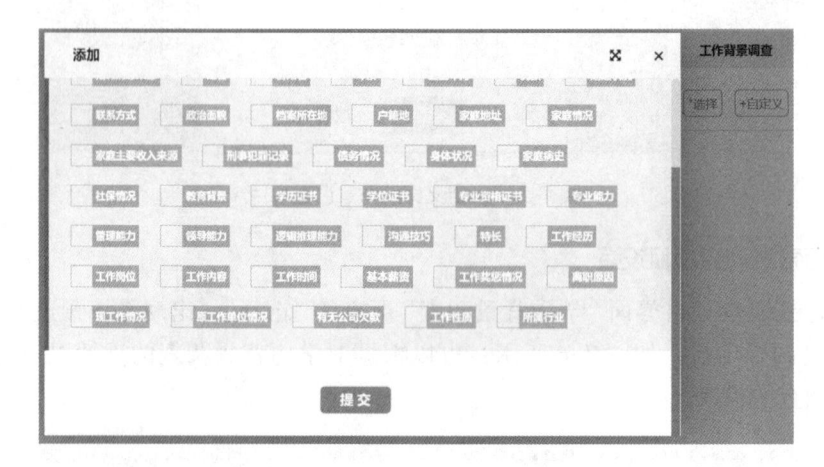

图7-8 选择工作背景调查项目

也可以在系统预设的项目之外,自定义工作背景的调查项目,如图7-9所示。

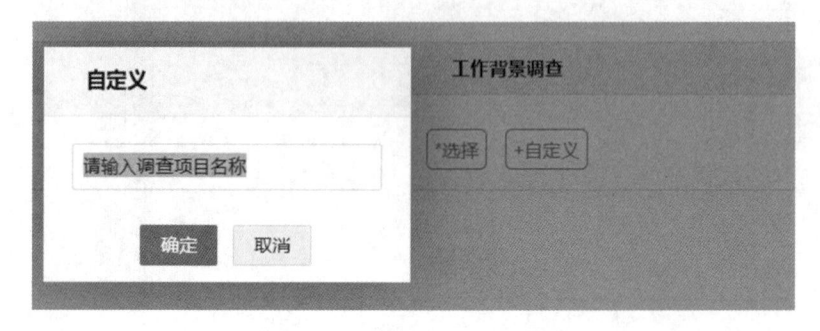

图7-9 自定义工作背景调查项目

5. 形成背景调查表

基本信息、身份背景、学历背景、工作背景调查项目设置完成后,单击背景调查界面下方的"形成背景调查表",即可生成背景调查表。形成背景调查表如图7-10所示。

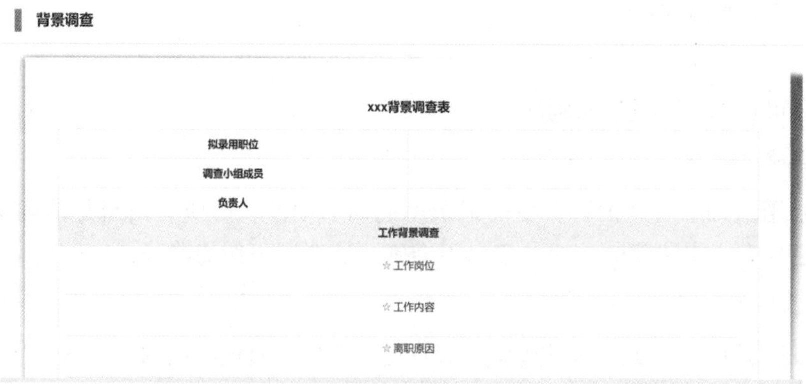
背景调查

xxx背景调查表

拟录用职位	
调查小组成员	
负责人	
工作背景调查	
☆工作岗位	
☆工作内容	
☆离职原因	

图 7-10 背景调查表

7.2 撰写录用通知

【核心知识】

1. 录用通知书的作用

录用通知书是用人单位向求职者发出的一份正式通知，意味着求职者经过筛选和评估后，被用人单位认为是合适的人选，并被邀请加入公司。无论对于用人单位还是求职者而言，录用通知书都不仅是一份简单的文件，它为双方之间建立了一种契约关系，承载着双方的期望和承诺。具体来说，录用通知书主要有如下作用。

（1）正式确认录用结果

录取通知书是对被录取者的正式通知，用人单位通过录取通知书明确告知求职者已经被录用，并提供入职的相关信息，这为求职者提供了一种确定性和安全感，也有利于用人单位减小优秀求职者流失的风险。

（2）明确双方的权利和义务

通过录用通知书，用人单位可以向求职者传达一些关键信息，比如职位、薪资、工作时间、福利待遇等。求职者则可以通过录用通知书了解到自己的工作职责、入职流程以及需要遵守的规定。录用通知书可以作为一份法律文件，明确双方的权利和义务，避免潜在的纠纷。

（3）方便双方做好工作规划

录用通知书中明确了拟录用岗位、入职时间等信息，方便相关部门提前规划人员培训、工作分配、团队组建等工作，确保新员工能够顺利融入组织。同时，录取通知书中通常包含入职的具体时间、地点、所需材料等重要信息，也帮助被录取者做好入职准备与工作规划。

2. 录用通知书撰写的原则

录用通知书作为企业招聘工作中一份重要的文件，需要谨慎对待。一般来说，录用通知书撰写可遵循如下基本原则。

（1）准确性原则

撰写录用通知书时，撰写者要确保录用通知书中涉及的所有信息是准确无误的。录用通知书是具有一定法律效力的，信息不准确可能会留下纠纷隐患。

（2）简洁性原则

撰写录用通知书时要避免用冗长复杂的句子，要用简单清晰的语言表达重要信息。

（3）完整性原则

撰写录用通知书时，要注意通知书包含所有必要的信息，如工作职责、福利待遇、回复期限等。

（4）规范性原则

撰写录用通知书时，要注意用词规范以及格式规范，这不仅反映了严谨性，更是专业性的体现。

（5）合法性原则

撰写录用通知书时，务必要遵循相关法律法规，确保通知书的内容合法合规。

【任务描述】

录用通知是用人单位向求职者发出的录用意向通知。在做出录用决策之后，企业应该及时对决定录用的求职者发出录用通知，以便其尽快到达工作岗位。同时，也避免因为招聘单位竞争激烈而导致人才损失。对不能录用的求职者也要予以告知，以便其尽快了解应聘结果，早做打算。这也体现了企业对人才的尊重和关怀。本次实训任务是根据人员选拔和背景调查的结果，为公司撰写录用通知书。

【任务实施】

1. 录用通知书撰写

单击系统界面左侧功能栏的"人员录用"，出现录用通知模块，单击"录用通知"即可进入录用通知撰写界面。录用通知界面如图7-11所示。

录用通知

经过人员选拔和背景调查，李丽女士非常符合该公司对人事专员的招聘要求，请编写一份员工录用通知书（字数不能小于40）。

图 7-11　撰写录用通知界面

2. 查看解析

录用通知撰写提交后，单击界面中的"解析"，查看系统提供的录用通知书参考。查看解析如图 7-12 所示，将通知书参考范例与本人撰写的录用通知书进行对照分析。

……现金薪酬

您的现金收入为税前2500元/月，公司执行14个月月薪的薪酬制度为标准。

二、福利

根据公司福利政策，公司为您提供以下福利项目。

1. 社会保险：为您提供国家规定的社会保险；
2. 公积金：为您提供国家规定的公积金；
3. 补助：为您提供200元/月的补贴。

除以上福利项目外，公司还会为您提供节日费、员工婚育礼金等，并资助员工的各项活动。金瑞凯利和谐的企业文化氛围一定会让您感受到集体的温暖。（以上员工福利待遇信息为保密资料，请勿向公司内外的其他人员透露。）

三、其他

1. 工作地点：欣欣实业，A市XX区XX路兴业大厦
2. 劳动合同期限：2年，其中试用期1个月。
3. 报到时间：2021年4月11日

图 7-12　查看解析

参考：录用通知书样例

7.3 办理入职手续

【核心知识】

1. 办理入职手续的意义

入职手续办理是人员录用中一项不可或缺的工作，办理入职手续不仅可以让公司和员工双方的权益都得到保障，还可以帮助新员工更好地融入组织，具体来说，办理入职手续有如下几方面的意义。

（1）依法保障双方权益

通过办理入职手续，双方签订劳动合同，一方面，为员工提供了一定的保障，确保员工的权益得到保护。员工可以合法享受各项社会保险、福利待遇，如养老保险、医疗保险、工伤保险等。另一方面，公司也可以通过办理入职手续来确保员工的身份合法，避免雇佣非法劳动力带来的法律风险。同时，也可以依法规范企业用工行为，确保企业的合法性和稳定性。

（2）便于组织加强管理

办理入职手续可以为员工建立个人档案，记录员工的基本信息、教育背景、工作经历等，方便组织进行管理和后续的评估。组织也可以根据入职手续了解员工的技能和需求，合理分配工作资源，提高工作效率。

（3）助力员工更快融入

通过办理入职手续，员工可以清楚了解自己的工作职责、岗位要求和公司规章制度，更好地适应工作环境。同时，办理入职手续通常包括与同事和上级的介绍和交流，这也有助于新员工更快地融入团队，建立良好的工作关系。

（4）增强认同感与归属感

办理入职手续的过程中，详细介绍公司的历史、文化、价值观和业务，帮助员工更好地了解公司，增强对公司的认同感。了解新员工的需求和关注点，尽量满足他们的合理要求，让他们感受到组织的关心，增强归属感。

2. 办理入职手续的流程

办理入职手续的具体流程可能因组织的不同而有所差异，一般包括以下几个步骤。

（1）确认入职信息

组织向拟录用人员发放录用通知后，应当确认对方的入职信息，以便安排相关工作。

（2）入职报到

新员工在约定的时间和地点到公司报到，填写《员工登记表》，并提交相关证件或者材料。人力资源管理部门查验各项入职材料。

(3)签订劳动合同

组织与新员工签订劳动合同,明确双方的权利和义务。

(4)办理社保和公积金

组织为员工办理社会保险和住房公积金等相关手续。

(5)领取办公设备和文件

员工领取公司提供的办公设备、工作文件等。

(6)入职培训

组织为新员工安排入职培训,帮助他们了解公司文化、规章制度和工作流程等。

(7)开始工作

员工完成入职手续办理后,正式开始工作。

【任务描述】

办理录用手续是指新员工加入公司时需要完成的一系列行政和法律程序。这是企业人员录用环节中的一项重要工作。本次实训任务是学习实训系统提供的入职手续的内容,熟悉办理入职手续的流程。

【任务实施】

单击系统界面左侧功能栏的"人员录用",出现入职手续模块,单击"入职手续",系统会呈现出一般性的公司入职手续流程。一般性的入职手续流程如图7-13所示。实训时,学生可依次查看学习实训系统提供的入职手续的内容与流程。

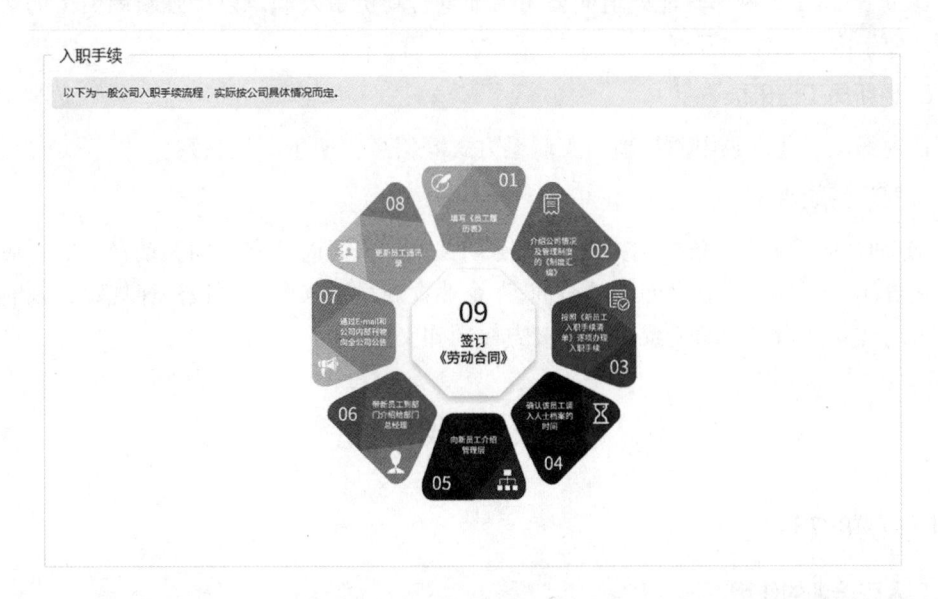

图7-13 一般性的入职手续流程

1. 填写《员工履历表》

新员工到单位报到后，人力资源部门提供《员工履历表》，新员工填写表格，人力资源部门汇总信息，并将其录入企业人力资源管理信息系统。

2. 介绍公司情况及管理制度

新员工入职，需要在第一时间向其介绍公司情况及管理制度，以便他们尽快融入公司，顺利开展工作。

3. 逐项办理入职手续

按照《新员工入职手续清单》，给新员工逐一办理各项入职手续，以便新员工尽快投入工作。

4. 确认员工档案调入时间

员工档案调入是指将员工的个人档案从原单位或其他机构转移到当前工作单位的过程。企业要及时将录用人员的档案转到本单位，并记录好档案调入本单位的时间。

5. 向新员工介绍管理层

新员工入职后要尽快向其介绍管理层，以便新员工能快速熟悉组织架构。

6. 带新员工到部门介绍部门经理

新员工入职后第一时间带其到所在部门报到，介绍部门领导及其他同事，以便新员工尽快融入，增强其安全感和归属感。

7. 向公司内部进行公告

通过 E-mail 或内部其他渠道向公司内部宣告新员工入职。以加强新老员工的熟悉和理解，便于内部工作的开展。

8. 更新员工通讯录

在内部员工通讯录中添加新员工联系方式等信息，便于工作联系。

9. 签订劳动合同

《劳动合同法》第十条规定："已建立劳动关系，未同时订立书面劳动合同的，应当自用工之日起一个月内订立书面劳动合同。"企业在新员工入职后要按法律规定，及时与其签订劳动合同，确立劳动关系、明确双方权利和义务。

7.4 入职培训

【核心知识】

1. 入职培训的作用

入职培训是招聘过程的延续，是新员工融入公司的关键步骤，具体来说，入职培训有如下几方面的作用。

（1）有利于新员工了解组织

入职培训可以帮助新员工快速了解公司的历史、文化、规章制度等，让他们更好地适应新环境，增强归属感。

（2）有利于新员工进入角色

入职培训可以帮助新员工明确自身岗位职责，了解组织的业务流程和管理方式，掌握基本技能，更快进入角色。

（3）有利于新员工融入团队

入职培训可以帮助新员工了解团队的工作方式和工作氛围，也能促进新员工与同事们有更多的交流和互动，从而有助于他们更快地融入团队。

（4）有利于新员工增强信心

入职培训可以帮助新员工更清楚地了解自己的工作职责和要求，掌握必要的技能和知识，减少不必要的紧张和焦虑，从而增强工作的底气与信心。

2. 入职培训的内容

入职培训通常包括如下内容。

（1）企业历史和文化

入职培训首要的内容就是向新员工介绍企业的发展历程、业务与产品和企业文化，企业文化包括使命、愿景、价值观等，以增强员工的认同感与归属感。

参考：入职培训样例

（2）企业的组织结构

入职培训要向新员工介绍企业的组织结构，以及组织结构的演变及演变的原因，以增强新员工对组织结构的理解和感性认识。

（3）企业的规章制度

入职培训要向新员工介绍公司的各项规章制度，如人事管理制度、财务管理制度、考勤管理制度等，以便新员工更好地开展工作。

（4）必要的岗位技能

入职培训要对新员工进行必要的岗位技能培训，包括工作流程、工具或者设备使用、业务知识等，以便新员工尽快进入正常的工作状态。

（5）基本的行为规范

入职培训需要对员工行为标准、工作场所行为规范、指示及命令的接收方式、必要的保密要求等进行培训，以便提升新员工的职业素养。

【任务描述】

入职培训是指新员工在加入公司或组织后，接受的一系列培训和指导，以帮助他们更好地适应工作环境和工作要求。本次实训任务是学习实训系统提供的入职培训的相关内容，增强对入职培训的全面了解。

【任务实施】

单击系统主页面左侧功能栏的"人员录用"，出现入职培训模块，单击"入职培训"，系统呈现了一般情况下入职培训需要的表格，以及一般情况下所进行的入职培训类型。入职培训界面如图7-14所示。实训时，可逐一查看相关学习内容。

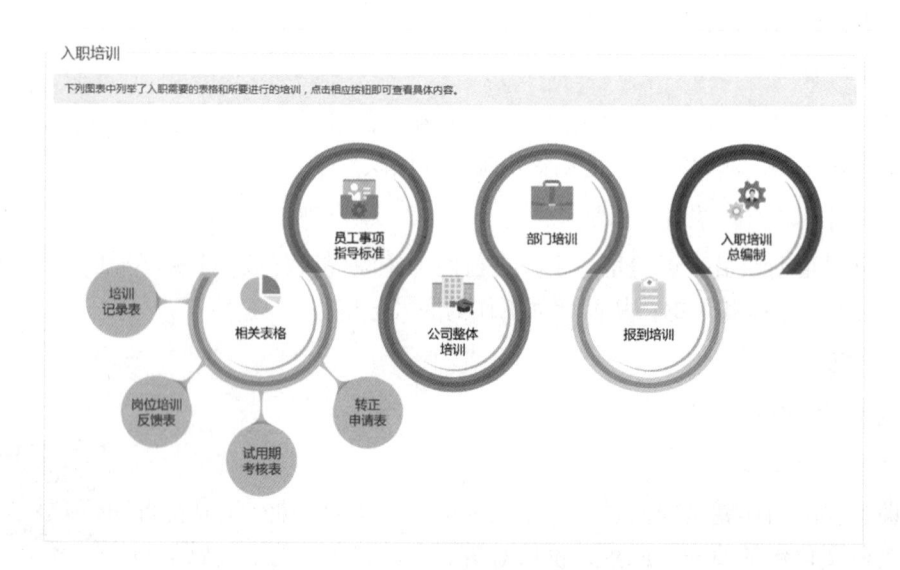

图 7-14　入职培训

1. 入职培训总编制

在入职培训界面，单击"入职培训总编制"，系统呈现出"入职培训总编制"的相关内容。入职培训总编制界面如图7-15所示。用户可查看并学习相关内容。

新员工入职培训总编制

为加强新入职员工的管理，使其尽快熟悉公司的各项规章制度、工作流程和工作职责，熟练掌握和使用本职工作的设备和办公设施，达到各岗位工作标准，满足公司对人才的要求，根据公司的实际情况编制了新员工入职培训内容及指导标准。

序号	内容	负责部门/人
1	通知新员工报道相关事宜，致欢迎辞。	人资部招聘专员
2	让本部门其他员工知道新员工到来。	用人部门经理
3	准备好新员工办公场所、办公用品。	用人部门经理
4	准备好给新员工的部门内训资料。	用人部门经理
5	为新员工指定一位资深员工作为新员工的导师。	用人部门经理
6	准备好布置给新员工的工作任务	用人部门经理

图 7-15　入职培训总编制界面

2. 报到培训

在入职培训界面，单击"报到培训"，系统呈现出报到培训的相关内容。报到培训界面如图 7-16 所示。用户可查看并学习相关内容。

报到培训

报到后，由人力资源部负责安排协调相关培训，具体安排如下：

序号	内容	负责部门/人
1	到人力资源部报道，安排食宿、签订合同	人资部助理
2	进行企业文化、人事制度培训	人资部培训专员
3	进行安全培训	安全办
4	到部门报道，经理代表全体部门员工欢迎新员工到来	用人部门经理

图 7-16　报到培训界面

3. 部门培训

在入职培训界面，单击"部门培训"，系统呈现出部门培训的相关内容。部门培训界面如图 5-17 所示。用户可查看并学习相关内容。

图 7-17　部门培训界面

4. 公司整体培训

在入职培训界面，单击"公司整体培训"，系统呈现出"公司整体培训"的相关内容。公司整体培训界面如图 7-18 所示。可查看并学习相关内容。

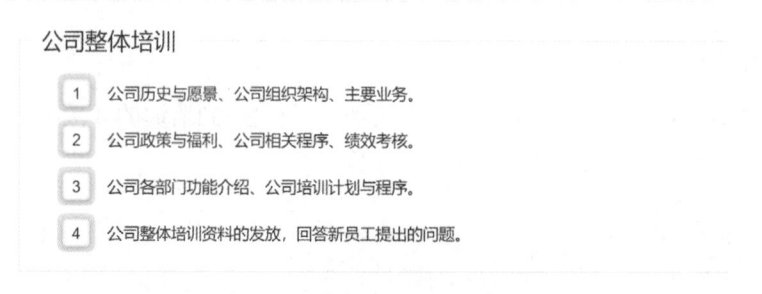

图 7-18　公司整体培训界面

5. 新入职员工事项指导标准

在入职培训界面，单击"新入职员工事项指导标准"，系统呈现出新入职员工事项指导标准的相关内容，如图 7-19 所示。可查看并学习相关内容。

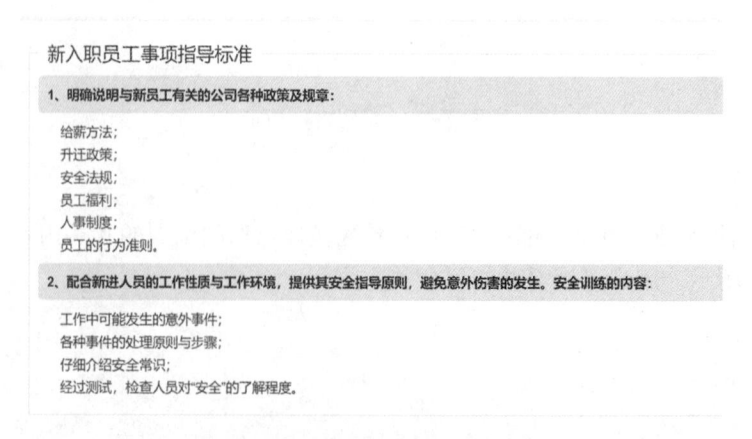

图 7-19　新入职员工事项指导标准

6. 入职培训相关表格

实训系统提供了"培训记录表""岗位培训反馈表""试用期考核表""转正申请表"4种与入职培训相关的表格，单击入职培训界面中相应表格的按钮，可逐一查看并学习相关内容。

巩固与提升

自测题目　　延伸阅读

线下拓展训练

【训练项目】人员录用决策制定

【训练目的】通过训练，巩固人员录用的相关理论知识，熟悉人员录用的流程，能够做出合理的录用决策。通过训练认识到人才在组织发展中的核心地位，意识到人员录用中公平、公正、公开的重要性。

【训练步骤】

1. 教师指定或者学生自行分组，每组5～8人，组内分工合作。整理汇总人员选拔训练获得的候选人相关信息，为录用决策制定奠定基础。

2. 学习了解人员录用的相关知识，包括录用决策的含义、人员录用决策的影响因素、人员录用的基本程序等。

3. 小组依据人员选拔训练中对候选人的评价结果，结合案例背景和企业实际情况，做出录用决策。

4. 各小组录用决策制定完毕后，教师组织小组间课堂汇报与交流，师生对每个小组的项目训练过程与成果进行评价。

5. 各小组结合项目训练的全过程进行总结与反思，以进一步提升训练的意义。

【训练成果】形成有理有据的书面录用决策，撰写录用通知书。

【训练考评】

本训练考评由教师考评与组内考评两部分组成，其中，教师考评是由教师根据小组完成训练项目的及时性、完成训练项目的质量、完成训练项目过程中的创造性与团队合作性等情况给予小组评分。教师评分占训练评分的70%。组内评分是由各小组根据组内成员在完成训练项目过程中的参与度、贡献度等情况，进行集体评议后对每个成员进行打分。组内评分占训练评分的30%。线下拓展训练教师评分如表7-1所示，线下拓展训练组内评分如表7-2所示。

表 7-1　线下拓展训练教师评分

项目小组名称		小组成员	
评价指标	指标含义	满分值	教师评分
项目练习的计划性	项目小组能够按照项目计划有序地开展各个项目练习，各个招聘阶段规划合理。	20	
项目练习的专业度	项目小组项目训练完成度高，能够展示出项目实施者的专业度。	35	
项目总结报告的质量	项目训练总结报告条理性好，内容翔实，图文并茂，书写规范。	15	
汇报 PPT 的质量	项目小组汇报 PPT 设计详略得当，布局合理美观，素材丰富，过程与成果展示充分。	10	
品格与素养	小组成员在项目训练中思想端正，富有责任感和人文情怀，表现出踏实好学、积极向上的精神风貌。	20	
总评分			
总体评价与建议			

表 7-2　线下拓展训练组内评分

被评者姓名	评价结果				
	评分 1（组内排序/分值）	评分 2（组内排序/分值）	评分 3（组内排序/分值）	……	组内评价平均得分
张三					
李四					
王五					
……					

组内评分规则说明如下。

组内评分采取民主匿名评价方式，由每个小组成员根据被评价者（本人除外）在本小组项目练习中的参与情况，如贡献大小、学习态度、团队意识等方面的综合表现进行组内排序，根据综合表现由优到次排序依次为 1、2、3、4、5……（排名不得有并列现象），再结合排序给其赋分。赋分的规则为第 1 名 100 分，第 2 名 95 分，第 3 名 90 分，第 4 名 85 分，第 5 名 80 分……依次递减 5 分，最后组内统计出每位成员的组内评价平均得分。

第 8 章 招聘评估

CHAPTER 8

知识目标

掌握招聘评估的基本知识。

能力目标

具备数据分析能力、资料分析能力、文字表达能力。

素养目标

培养大局意识、数据意识以及创新精神。

本章为企业人员招聘与选拔技能训练中基础训练的第六个项目——招聘评估。招聘评估是招聘活动的最后一个环节。通过有效的评估可以为招聘效果提供科学、客观的依据，以进一步提高招聘工作效率。在实训系统中，本项目分解为两个训练任务，任务一为招聘渠道评估，任务二为招聘数量与质量评估。所有任务依托招聘与甄选技能实训系统在线上实施完成。在每个训练任务之前，应先了解、学习与该训练任务相关的核心知识，作为实训的理论支撑。本教材在线上训练项目之后，还设置了线下拓展训练项目，作为线上训练的有益补充，也进一步加强了理论与实践的有机融合。

8.1 招聘渠道评估

【核心知识】

1. 招聘评估的作用

招聘评估是对招聘过程和结果进行评估和分析的过程,是招聘活动中不可缺少的重要环节。具体来说,招聘评估有如下几方面的作用。

(1) 招聘评估可以为企业改进招聘工作提供依据

通过招聘评估,检验和审查招聘各个环节的工作,及时发现与反思招聘过程中存在的问题,这能够为改进招聘工作提供依据。例如,分析不同招聘渠道的效果可以帮助企业有针对性地选择和利用招聘渠道。分析招聘流程中的各个环节,可以帮助企业找出招聘流程优化的切入点,提高招聘的效率和准确性。

视频:招聘数据分析对于HR的价值与要求

(2) 招聘评估可以为衡量招聘人员的工作绩效提供依据

通过招聘评估,可以分析组织内部岗位空缺情况、招聘计划的科学性、员工留任情况,比较不同的招聘渠道的效果,分析招聘周期是否合理、招聘成本是否得到有效的控制、招聘流程是否流畅、用人部门对招聘结果是否满意等。这些评估结果为衡量招聘人员工作绩效提供了有力的依据。

(3) 招聘评估可以为企业人力资源管理决策提供依据

通过招聘评估,可以获得关于招聘过程和招聘结果的相关数据。如评估新员工的绩效和适应能力,为选拔和培养优秀员工提供参考;分析新员工的技能和知识差距,可以确定培训和发展的重点,提升员工的工作能力;通过员工离职率和满意度的评估,反思企业人才政策、薪酬政策的吸引力。总之,基于招聘评估,企业可以做出更科学合理的人力资源管理决策。

2. 招聘渠道评估的主要指标

招聘渠道是否有效可以通过如下指标加以衡量。

(1) 简历质量

简历质量指的是在通过该渠道收到的简历中符合岗位要求的简历的比例情况。

(2) 面试合格率

面试合格率是指通过面试的候选人与参加面试的候选人的比例。

(3) 招聘周期

招聘周期是指从发布招聘信息到录用员工所需的时间。

(4) 招聘成本

招聘成本包括使用该渠道所需的费用和人力成本。

（5）员工留存率

员工留存率是指新员工在一定时间内留在公司的比例。

上述这些指标可以帮助评估不同招聘渠道的效果，以便优化招聘策略。

【任务描述】

2022年，通过人事部员工的努力和其他各个部门的协作，某实业有限责任公司举办了数场大型招聘活动，在校园、招聘网站、媒体等招聘平台上也都收到了较好的成果。截至2022年10月30日，企业负责招聘的人事主管对今年的招聘情况进行了简单的总结。企业花费近5万元开拓了校园招聘、人才交流会、招聘网站等招聘渠道，引来了众多应聘者的关注和咨询，其间企业共收到100余份求职简历，经过简单的简历筛选，其中有86人通过初审。各渠道招聘情况如表8-1所示。

表8-1　各渠道招聘情况

招聘渠道	成本费用/元	主动询问人数/人	收到简历数/份	通过初审筛选简历数/份
校园招聘	8 000	67	30	24
现场招聘会	10 500	60	45	39
网络招聘	13 000	25	13	10
媒体	5 500	12	8	5
其他渠道	9 500	11	8	8

本次实训任务是根据系统设置的内容，结合各渠道招聘情况，进行招聘渠道评估。

【任务实施】

1. 渠道招聘情况分析

阅读任务描述中的相关信息，对公司各渠道招聘情况进行分析，对相关数据进行甄别与解析，为招聘渠道评估奠定基础。

2. 填写招聘渠道评估表格

学生完成项目五"人员录用"之后，在实训系统功能栏中，单击"招聘评估"，进入招聘评估环节。在"招聘评估"下拉列表中选择"招聘渠道评估"，进入招聘渠道评估实训任务。招聘渠道评估界面如图8-1所示。

图 8-1 招聘渠道评估界面

学生可以根据公司实际使用招聘渠道的情况在系统设置的招聘渠道评估表格中增加相应的评估项目,然后对招聘情况进行分析。填写招聘渠道评估表如图 8-2 所示。

图 8-2 填写招聘渠道评估表

3. 查看解析,对照反思

填写完成招聘渠道评估表并提交后,单击系统界面的"参考解析",查看解析详情。学生将本人的计算结果与系统提供的参考解析进行对照,如本人计算结果与参考解析有出入,要分析原因,总结复盘。

8.2　招聘数量与质量评估

【核心知识】

1. 招聘数量评估的主要指标

招聘数量评估主要是通过对应聘人数、录用人数与计划招聘人数的相关数值比较来分析招聘的效果。招聘数量评估的主要指标包括以下内容。

（1）应聘比

应聘比 = 应聘人数 / 计划招聘人数

该指标用来衡量员工招聘的挑选余地和信息发布状况。

（2）某职位的选择率

某职位的选择率 = 某职位计划招聘的人数 / 申请该职位的人数

该指标用来衡量企业对人员选择的严格程度和人员报名的踊跃程度。

（3）录用比

录用比 = 录用人数 / 应聘人数

该指标用来衡量录用人员的素质高低。

（4）招聘完成比

招聘完成比 = 录用人数 / 计划招聘人数。

该指标用来衡量新员工招聘计划的完成情况。

2. 招聘质量评估的主要指标

招聘质量评估主要通过对新招聘员工的素质、能力和绩效等进行评估以分析招聘的效果。招聘质量评估的主要指标包括以下内容。

（1）招聘合格率

招聘合格率 = 合格招聘人数 / 总招聘人数 ×100%

合格招聘人数是指顺利通过岗位适应性培训，试用期考核合格最终转正的新员工。

该指标是从质的角度评价招聘人员对企业的适合度，招聘合格率高说明招聘人员对企业的适合度高。

（2）用人单位（或部门）对新录用员工绩效的满意度

用人单位（或部门）对新录用员工绩效的满意度 = 满意的用人单位数 / 新录用员工总数 ×100%

该指标用来衡量新录用员工质量的高低，通过用人单位考察后的满意程度来体现。

（3）新员工对所在企业或者所在岗位的满意度

新员工对企业（或岗位）满意度 = 满意的新员工数量 / 新员工总数 ×100%

满意的新员工数量是指企业在进行员工满意度调查时，对企业总体"满意"和"比较满意"的新员工数量。

该指标在一定程度上可以反映新员工对企业的认可程度，也可以在很大程度上影响新员工的士气与工作绩效。

（4）新员工离职率

新员工离职率 = 新录用人员离职数 / 新录用人员总数 × 100%

该指标也可以从另一个角度反映新员工对企业和所在岗位的满意度。离职率越高，表示新员工对企业的满意度越低。

【任务描述】

2022 年，通过人事部员工的努力和其他各个部门的协作，某实业有限责任公司举办了数场大型招聘活动，在校园、招聘网站、媒体等招聘平台上也都收到了较好的成果。截至 2022 年 10 月 30 日，企业负责招聘的人事主管对当年的招聘情况进行了简单的总结。企业花费近 5 万元开拓了校园招聘、人才交流会、招聘网站等招聘渠道，吸引了众多应聘者的关注，其间企业共收到 100 余份简历，经过简单的简历筛选，其中有 86 人通过初审。通知来参加面试之后，约有 50 人通过了面试，最终有 25 位优秀人士正式加入了公司，成为本企业的员工。到 2022 年末，在 25 名入职人员中，有 17 人转正，1 人被辞退，3 人离职。1 人晋升，3 人仍在试用期。

本次实训任务是根据系统设置的评估内容，对招聘活动进行招聘数量与质量评估。

【任务实施】

1. 招聘相关人员情况分析

阅读任务描述中的相关信息，对公司招聘的人员情况进行分析，对相关数据进行甄别与解析，为招聘数量与质量评估奠定基础。

2. 填写招聘数量与质量评估表格

单击系统主页面左侧功能栏的"招聘评估"，单击其中的"招聘数量、质量评估"，系统呈现出招聘数量、质量评估表格。学生可以根据自身理解增加相应的评估项目，填写招聘质量、数量评估表。招聘数量、质量评估如图 8-3 所示。

图 8-3 招聘数量、质量评估

3. 查看解析，对照反思

填写完成招聘数量、质量评估表格并提交之后，单击系统界面的"参考解析"，查看解析详情，学生将本人的计算结果与系统提供的参考解析进行对照，如本人计算结果与参考解析有出入，要分析原因，总结复盘。

巩固与提升

自测题目　　延伸阅读

线下拓展训练

【训练项目】招聘工作总结

【训练目的】通过项目训练巩固对招聘评估相关理论与知识的理解，能够对项目训练过程中产生的相关招聘数据进行统计、分析与运用。通过训练，意识到实践的重要性，通过实践来提高自己的能力，培养创新思维和勇于探索的精神。

【训练步骤】

1. 教师指定或者学生自行分组，每组5～8人，组内分工合作。各招聘小组回顾从人才画像制作到录用决策制定共5个训练项目（招聘环节）的训练过程，制定招聘工作总结撰写大纲。

2. 各小组整理、统计、分析前期各个拓展训练环节产生的相关招聘数据。

3. 各小组在数据分析基础上撰写招聘工作总结与课堂汇报PPT。

4. 各小组人员招聘工作总结在规定时间完成后，教师组织小组间课堂汇报与交流，师生对每个小组的项目训练过程与成果进行评价。

5. 各小组结合项目训练的全过程进行总结与反思，以进一步提升训练的意义。

【训练成果】形成面试评价表或无领导小组讨论评价表。

【训练考评】

本训练考评由教师考评与组内考评两部分组成，其中，教师考评是由教师根据小组完成训练项目的及时性、完成训练项目的质量、完成训练项目过程中的创造性与团队合作性等情况给予小组评分。教师评分占训练评分的70%。组内评分是由各小组根据组内成员在完成训练项目过程中的参与度、贡献度等情况，进行集体评议后对每个成员进行打分。组内评分占训练评分的30%。线下拓展训练教师评分如表8-2所示。线下拓展训练组内评分如表8-3所示。

表 8-2 线下拓展训练教师评分

项目小组名称		小组成员	
评价指标	指标含义	满分值	教师评分
项目练习的计划性	项目小组能够按照项目计划有序开展各个项目练习，各个招聘阶段规划合理	20	
项目练习的专业度	项目小组项目训练完成度高，能够展示出项目实施者的专业度	35	
项目总结报告的质量	项目训练总结报告条理性好，内容翔实，图文并茂，书写规范	15	
汇报 PPT 的质量	项目小组汇报 PPT 设计详略得当，布局合理美观，素材丰富，过程与成果展示充分	10	
品格与素养	小组成员在项目训练中思想端正，富有责任感和人文情怀，表现出踏实好学、积极向上的精神风貌	20	
总评分			
总体评价与建议			

表 8-3 线下拓展训练组内评分

被评者姓名	评价结果				组内评价平均得分
	评分1（组内排序/分值）	评分2（组内排序/分值）	评分3（组内排序/分值）	……	
张三					
李四					
王五					
……					

组内评分规则说明如下。

组内评分采取民主匿名评价方式，由每个小组成员根据被评价者（本人除外）在本小组项目练习中的参与情况，如贡献大小、学习态度、团队意识等方面的综合表现进行组内排序，根据综合表现由优到次排序依次为1、2、3、4、5……（排名不得有并列现象），再结合排序给其赋分。赋分的规则为第1名100分，第2名95分，第3名90分，第4名85分，第5名80分……依次递减5分，最后统计出组内每位成员的平均得分。

CHAPTER 9
第 9 章　综合训练

知识目标

掌握企业招聘与选拔专业技能实训系统中实战系统的操作规则和流程，掌握企业招聘与选拔人才各环节的基本理论与基本知识。

能力目标

能够制订合理的招聘计划与招聘费用预算，能够做出一定的招聘策略，能够运用典型的人员选拔技术。

素养目标

培养团队协作意识与创新能力、顽强拼搏的精神，追求卓越的优良品格。

本章为企业人员招聘与选拔技能训练的综合训练环节。本环节为一个完整的总任务，总任务实施包括岗位编制、岗位缺口分析、制订招聘计划、招聘费用预算、人员甄选、录用上岗、晋升、工作轮换、支付薪酬、人员自然流失、排名等步骤。综合训练任务依托招聘与甄选技能实训系统中的实战系统在线上实施完成。综合训练完成之后，同样设置了线下拓展训练项目，作为线上训练的有益补充，进一步加强了理论与实践的有机融合。

视频：综合训练流程简介

【任务描述】

在招聘与甄选专业技能训练实战系统中，借用沙盘模拟思想，以企业人员招聘与甄选的总流程为导引，以系统提供的企业各类经营数据为实训背景，遵循系统设置的实训步骤，完成对招聘与选拔的综合训练。实战系统中运营企业组织结构与人员初始安排如

图 9-1 所示。

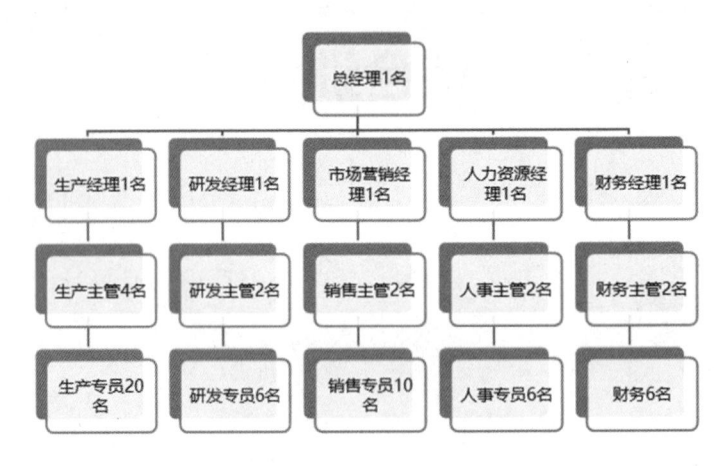

图 9-1　实战系统中运营企业组织结构与人员初始安排

以上述企业信息为背景（训练中需要用到的企业相关数据信息，包括工作计划、员工能力、招聘计划、市场招聘渠道、管理幅度等可以在实战系统中查询），本次实训任务是学生以小组为单位（每小组 5～7 人）在实战系统模块中，基于相同的经营背景，遵循相同的经营规则，以对抗竞争的模式对招聘与选拔活动进行系统、综合的训练。系统根据事先设计的评价指标在每一次完整的招聘与选拔活动（以一个月为一次招聘周期）结束后对各招聘小组的招聘与选拔活动成效进行综合评价并排名。

【任务实施】

单击进入招聘与甄选专业技能实训系统，单击"实战系统"，进入综合训练环节。招聘周期为一个月，每个周期的实训步骤及原理相同。单击"当月开始"，即正式开启综合训练。综合训练界面如图 9-2 所示。综合实训时，学生小组依次完成系统设置的步骤。

图 9-2　综合训练界面

9.1 岗位编制

各招聘小组以公司当月的研发计划、生产计划、销售计划为依据，分析当前人才市场各招聘渠道人才的供应量与员工能力组合（各类计划、各渠道人才供应量以及员工能力表可在图 9-2 综合实训界面左下方点击查看），同时，考虑公司人员配比和管理幅度的设置原则（见运营规则），综合上述条件填写公司各类岗位的岗位编制表，并将数据分别填入"岗位编制"一列，如图 9-3 所示。

人员类型	职位	员工薪酬	岗位编制
总经理	总经理	33200 人/月	请输入人数
人事	经理	8000 人/月	请输入人数
人事	主管	5800 人/月	请输入人数
人事	专员	4100 人/月	请输入人数
财务	经理	8200 人/月	请输入人数
财务	主管	6000 人/月	请输入人数
财务	专员	4200 人/月	请输入人数

图 9-3　岗位编制

9.2 岗位缺口分析

岗位编制完成后，单击"岗位缺口分析"。岗位缺口是特定岗位编制数量与公司该岗位现有人力资源配置数量之间的差额。岗位缺口仅反映公司当下特定岗位的人力资源需求状况。招聘主管根据已经完成的公司各岗位编制表，结合公司各岗位现有的人力资源配置情况，确定公司各岗位缺口人数，并填入系统中"岗位缺口"处，如图 9-4 所示。

人员类型	职位	员工薪酬	岗位编制	实际人数	岗位缺口
总经理	总经理	33200 /人·月	1	1	0
人事	经理	8000 /人·月	2	1	1
人事	主管	5800 /人·月	5	2	3
人事	专员	4100 /人·月	7	6	1
财务	经理	8200 /人·月	4	1	3
财务	主管	6000 /人·月	9	2	7
财务	专员	4200 /人·月	10	6	4
销售	经理	8400 /人·月	2	1	1
销售	主管	6100 /人·月	8	2	6
销售	专员	4300 /人·月	12	10	2
生产	经理	7700 /人·月	1	1	0

图 9-4　岗位缺口分析

9.3 制订招聘计划

本综合实训中，招聘计划是指确定各岗位需招聘员工的数量。招聘计划的制订以公司岗位编制与岗位缺口分析为基础，同时还要考虑公司的可持续发展。在制订招聘计划时，招聘小组要查看本公司工作计划表、员工能力表（实训系统可查），以此为依据，制订招聘计划，并填入系统中"招聘人数"处，如图9-5所示。

人员类型	职位	员工薪酬	岗位缺口	招聘人数
总经理	总经理	33200/人·月	0	招聘人数/人
人事	经理	8000/人·月	1	招聘人数/人
人事	主管	5800/人·月	3	招聘人数/人
人事	专员	4100/人·月	1	招聘人数/人
财务	经理	8200/人·月	3	招聘人数/人
财务	主管	6000/人·月	7	招聘人数/人
财务	专员	4200/人·月	4	招聘人数/人

图9-5 制订招聘计划

9.4 招聘费用预算及申请

本综合实训中，招聘费用包括招聘渠道费用、人员选拔费用、人员晋升费用、岗位轮换费用。各招聘小组要仔细研究既定的招聘计划，综合考量各种招聘渠道、各类人员甄选方式的费用，同时对内部人员晋升与轮换进行合理预估。在上述工作的基础上做出尽可能合理的招聘费用预算，并填入系统"预算金额"处。招聘费用预算框如图9-6所示。招聘费用预算完成后，在系统中完成招聘费用申请，并填入系统中"申请金额"处。招聘费用申请框如图9-7所示。

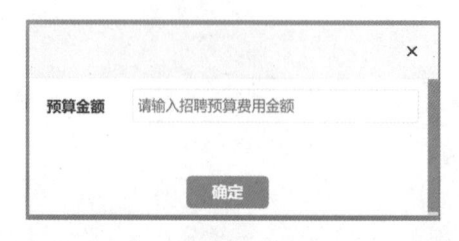

图9-6 招聘费用预算框

图9-7 招聘费用申请框

9.5 选择招聘人员

本综合实训中，选择人员招聘环节主要是针对外部招聘渠道而言。系统设置了报纸广告、猎头、内部员工推荐、现场招聘网络招聘、校园招聘 5 种招聘渠道，每个渠道提供了众多面向所有公司的求职者。每位求职者的能力以及每个招聘渠道的费用均在系统中有显示。

各招聘小组首先选择招聘渠道，支付相应招聘渠道的费用。选择招聘渠道界面如图 9-8 所示。

图 9-8 选择招聘渠道界面

输入招聘渠道费用后，单击"确定"，进入相应的招聘市场。进入招聘市场后，单击"添加"，选择合适的人才到所需的岗位，单击"确定"，完成相应招聘渠道的招聘（同一招聘渠道的人才只能安排一个岗位）。招聘人选界面如图 9-9 所示。

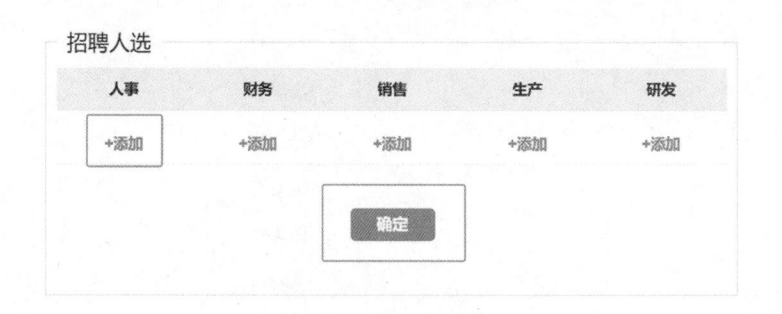

图 9-9 招聘人选界面

一类招聘渠道选择完毕，单击"添加"，继续下一类招聘渠道人员选择。添加招聘人员界面如图 9-10 所示。

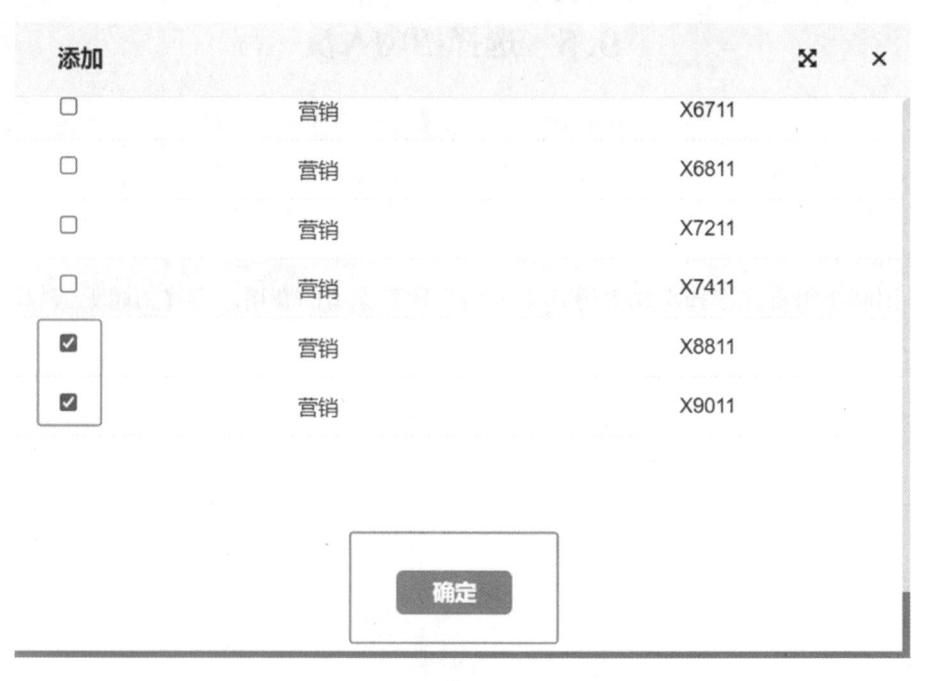

图 9-10　添加招聘人员界面

在选择完所有所需人才后，单击"确定"完成该步骤。确定招聘人员界面如图 9-11 所示。

序号	姓名	渠道	岗位
1	X8811	校园招聘	人事
2	R1211	校园招聘	财务
3	Y511	校园招聘	财务
4	S111	校园招聘	财务
5	C1411	校园招聘	财务
6	X9011	校园招聘	人事
7	S511	校园招聘	财务
8	R211	校园招聘	财务
9	Y211	校园招聘	财务
10	Y311	校园招聘	财务

图 9-11　确定招聘人员界面

实训中，在选择招聘渠道时需注意以下几个方面。

①可在市场招聘渠道表中查看招聘渠道以及相对应的人员供给情况，市场人员供给情况每月都会变化。

②选择要招聘的渠道，在不同渠道中投入费用参与招聘，在招聘过程中选择人员的时候需要对相应人员进行定岗。可以选择多个招聘渠道进入招聘。

③在不同招聘市场中只能招聘到各类专员与主管，经理级只能通过晋升渠道。

④不同的招聘渠道投入的招聘费用有不同的价格标准，每个渠道可以重复进入，每月最多支付一次渠道费用。

9.6 人员选拔

人员招募结束后进入人员选拔环节，本实训中，系统设置了笔试、面试、心理测评、角色扮演、管理游戏、公文筐、无领导小组、投射技术共 8 种测评方法，并规定了每种测评所需要的费用，如图 9-12 所示。

注意：没有经过人员甄选的应聘者将不能被录用

甄选方式	费用	甄选人员
笔试	50	+添加
面试	150	+添加
心理测评	500	+添加
角色扮演	300	+添加
管理游戏	500	+添加
公文筐	300	+添加
无领导小组	500	+添加
投射技术	500	+添加

确定

图 9-12　人员选拔方式界面

各招聘小组要能掌握各类测评方法的测评原理，仔细分析各类测评方法对候选人能力测评的优势与不足，估算不同测评方法的使用成本。在此基础上，针对本公司现有候选人选择适当的测评方法。

招聘小组选择某一种测评方法来对特定的岗位候选人能力进行测评，则点击系统界面中的该方法（例如"笔试"）的按钮，进入测评界面，在该界面添加需要测评的人员即可。选择测评方法界面如图 9-13 所示。

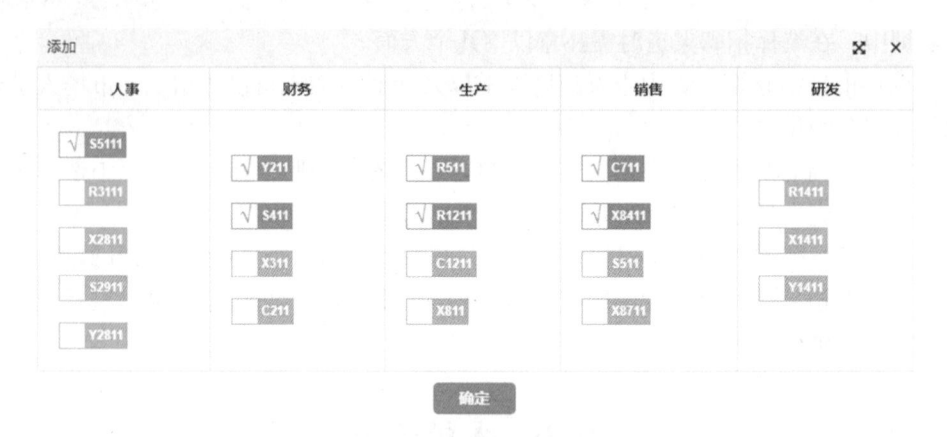

图 9-13　选择测评方法界面

实训系统针对招聘小组选择的甄选方式自动实施人员测评并给出相应的结果。人员测评结果如图 9-14 所示。

图 9-14　人员测评结果

9.7　录用上岗

人员选拔结束后，即进入录用上岗环节。在综合实训界面单击"录用上岗"，招聘小组根据人员甄选的分数结果选择是否录用该员工，单击"确定"。录用上岗界面如图 9-15 所示。

图 9-15　录用上岗界面

根据招聘小组做出的录用决策，系统还会根据事先设置的标准判断招聘小组做出的录用决策是否合理，从而保证录用决策的实际有效性。招聘小组根据系统给出的结论调整决策。

实训中，人员录用环节需注意以下几个方面。

①根据招聘计划和企业人员配比情况，选择要录用的主管或者专员。

②所有应试者都可以定为专员，当应试者的综合能力等于或高于 60 时，可以定为主管。

③依次比较每一名招聘人员所支付的费用，费用高者，有优先录用的资格。如花费相同，则比较测试提交的时间，提交早的人员可优先录用。

9.8 晋　　升

实训中，招聘小组根据公司发展的需求，综合考虑录用人员的综合能力，并结合员工的薪酬水平，以及其能为公司创造的效益来决定是否将该员工晋升为高一级的职位。人员晋升界面如图 9-16 所示。

员工编号	员工姓名	原岗位	可晋升岗位	是否晋升
59	YCC2	财务主管	财务经理	是
24	YXW9	销售专员	销售主管	否
18	YXW3	销售专员	销售主管	是
58	YCC1	财务主管	财务经理	否
22	YXW7	销售专员	销售主管	否

图 9-16　人员晋升界面

实训中，人员晋升环节需注意以下几个方面。

①晋升费用为 400 元 / 人，根据企业人员结构安排人员晋升，晋升后下级员工数不可以低于该岗位所管理人数的下限。

②专员晋升到主管：该专员所有能力达到 60。

③主管晋升到经理：该主管所有能力达到 65。

④人员晋升当月不改变员工状态，次月员工职务等发生变化。

9.9　工作轮换

实训时，招聘小组根据公司生产经营与管理的需要，以及不同岗位员工的能力，决定是否进行岗位轮换。工作轮换界面如图 9-17 所示。

员工编号	姓名	原岗位	轮换的岗位
3	YSC1	人事管理能力:72 生产能力:85 表达沟通能力:80 销售能力:75	请选择 ▼
4	YSC2	财务管理能力:65 研发能力:70 判断决策能力:72 管理能力:70	请选择 人事主管 财务主管
5	YSC3	团队协作能力:82 创新能力:50 综合分析能力:62	销售主管 研发主管
6	YSC4	生产主管	请选择 ▼
7	YXM1	销售经理	请选择 ▼

图 9-17 工作轮换界面

实训时，系统也会根据事先设定的标准评估招聘小组所做出的岗位轮换决策并给出结论，招聘小组根据系统给出的结论调整决策。

实训中，工作轮换需注意以下几个方面。

①工作轮换费用为 200 元/人，根据企业人员结构安排人员，同时需要考虑转岗前后该岗位是否符合人员配比要求。

②同级别之间才能进行岗位轮换。

③岗位轮换要达到相应知识能力的最低标准才能进行。

④岗位轮换当月不改变员工状态，次月员工职位等发生变化。

9.10 支付薪酬

当人员招聘与选拔的全部职能活动结束后，系统进入支付薪酬环节。实训中，系统参照事先设置的各类人员薪酬水平，列出各类人员的薪酬清单。各招聘小组支付全部人员（包括各公司现有人员以及当月新引进人员）的薪酬。支付薪酬界面如图 9-18 所示。

编号	姓名	职位名称	工资
1	YS	总经理	33200
8	YRM1	人事经理	8000
2	YSM1	生产经理	7700
9	YCM1	财务经理	8200
60	YYM1	研发经理	9100
7	YXM1	销售经理	8400
5	YSC3	生产主管	5600
29	YRC2	人事主管	5800
26	YYC1	研发主管	6600
36	YXC1	销售主管	6100
总费用			355300

图 9-18 支付薪酬界面

实训中，薪酬支付需注意以下几个方面。

①月末公司会依据公司薪酬水平发放当月所有员工的薪资，公司的薪资水平在一年内不做调整。

②本月新入职的员工也同样根据公司的岗位薪酬表发放工资。

③本月岗位发生晋升或轮换的员工本月薪酬不变，次月开始根据新岗位的薪酬水平发放工资。

9.11 人员自然流失

根据系统事先设置的人员自然流失率，结合公司人员的综合能力，每个月月末各公司可能会有不同程度的人员自然流失。各招聘小组查看当期企业人员流失情况，单击"确定"完成该步骤。人员自然流失界面如图 9-19 所示。

编号	姓名	职位名称	岗位等级	效益
32	YY3	研发专员	4	6979.5

图 9-19 人员自然流失界面

9.12 当月排名

本实训系统借鉴了人力资源管理沙盘模拟的教学理念，在一个招聘周期结束后，对各小组的招聘成效进行综合排名。当月排名界面如图 9-20 所示。

姓名	利润	总评分	排名
n3	124498	1.16	1
n2	121712	1.08	2

图 9-20 当月排名界面

经过上述 12 个步骤后，一个完整的招聘周期结束。单击"下一月"，即开始新的招聘周期。新的招聘周期所有操作步骤与原理与第一周期相同，教师可根据实际教学的需要决定招聘周期的数量。

9.13　实训中的特殊情况处理

在综合实训中，各公司招聘小组在开展人员招聘活动与选拔活动中，可能会因为经营决策失误或者对招聘成本的估计不准确等，出现招聘活动不能正常进行的情况，此时需要做特殊处理的申请。

1. 紧急经费申请

招聘期间可进行紧急经费申请。紧急经费申请会产生一定的损失，计入招聘经费中。

紧急经费损失额 = 紧急招聘经费申请额 × 10%

2. 超额损失费用

当年结束，若剩余招聘费用超过本年招聘甄选实际花费总额的30%，超过部分按照10%的比例产生经费损失，计入招聘经费中。

公司当年剩余招聘费用 − 招聘甄选实际花费总额 × 30%

3. 申请融资

当总资金与招聘资金都不足时，可以向教师端申请融资。

4. 项目终止

当总资金与招聘资金都不足且融资不成功时，申请项目终止结束运营。

5. 现金流

详细记载实训中支出与流入的资金，包括紧急申请经费、紧急经费损失额、超额损失费用、招聘费用、薪酬等。

巩固与提升

| 自测题目 | 延伸阅读 |

线下拓展训练

【训练项目】模拟招聘

【训练目的】通过组织与实施一次完整的招聘活动，使学生全面掌握招聘的总流程，训练与提升招聘技能，培养职业素养。

【训练步骤】

1.在教师指导下，设定任务小组。本次实训可设招聘组、求职组、观察组，每组5～6人。组内成员角色分配由学生根据各自小组任务自行决定。

2. 在教师指导下选择模拟招聘企业，包括企业基本情况、企业招聘需求等。各小组制订工作计划。

3. 招聘小组撰写、发布招聘广告；求职组准备简历求职；招聘小组筛选简历，开展面试等选拔活动，应聘组参加招聘组发起的人员选拔活动；招聘小组做出录用决策。观察小组对招聘组的招聘组织和实施工作、求职组的求职表现进行观察。

4. 模拟招聘活动结束后，教师组织各小组间进行课堂汇报与交流，师生对每个小组的项目训练过程与成果进行评价。

5. 各小组结合项目训练的全过程进行总结与反思，以进一步提升训练的意义。

【训练成果】形成招聘总结、求职总结、观察总结。

【训练考评】

本训练考评由教师考评与组内考评两部分组成，其中，教师考评是由教师根据小组完成训练项目的及时性、完成训练项目的质量、完成训练项目过程中的创造性与团队合作性等情况给予小组评分。教师评分占训练评分的70%。组内评分是由各小组根据组内成员在完成训练项目过程中的参与度、贡献度等情况，进行集体评议后对每个成员进行打分。组内评分占训练评分的30%。线下拓展训练教师评分如表9-1所示。线下拓展训练组内评分如表9-2所示。

表9-1 线下拓展训练教师评分

项目小组名称		小组成员	
评价指标	指标含义	满分值	教师评分
项目练习的计划性	项目小组能够按照项目计划有序开展各个项目练习，各个招聘阶段规划合理	20	
项目练习的专业度	项目小组项目训练完成度高，能够展示出项目实施者的专业度	35	
项目总结报告的质量	项目训练总结报告条理性好，内容翔实，图文并茂，书写规范	15	
汇报PPT的质量	项目小组汇报PPT设计详略得当，布局合理美观，素材丰富，过程与成果展示充分	10	
品格与素养	小组成员在项目训练中思想端正，富有责任感和人文情怀，表现出踏实好学、积极向上的精神风貌	20	
总评分			
总体评价与建议			

表9-2　线下拓展训练组内评分

被评者姓名	评分1（组内排序/分值）	评分2（组内排序/分值）	评分3（组内排序/分值）	…	组内评价平均得分
张三					
李四					
王五					
……					

注：组内评分规则说明如下。

组内评分采取民主匿名评价方式，由每个小组成员根据被评价者（本人除外）在本小组项目练习中的参与情况，如贡献大小、学习态度、团队意识等方面的综合表现进行组内排序，根据综合表现由优到次排序依次为1、2、3、4、5……（排名不得有并列现象），再结合排序给其赋分。赋分的规则为第1名100分，第2名95分，第3名90分，第4名85分，第5名80分……依次递减5分，最后组内统计出每位成员的组内评价平均得分。

参考文献

[1] 赵永乐，姜农娟，凌巧. 人员招聘与甄选 [M]. 3 版. 北京：电子工业出版社，2018.
[2] 李丽娟，张骞. 员工招聘与录用实务 [M]. 北京：中国人民大学出版社，2015.
[3] 刘葵. 招聘与录用实务 [M]. 3 版. 大连：东北财经大学出版社，2019.
[4] 赵曙明，赵宜萱. 人才测评：理论、方法、工具、实务：微课版 [M]. 2 版. 北京：人民邮电出版社，2018.
[5] 郭如平，蒋定福，田辉，等. 招聘与甄选实训教程 [M]. 北京：清华大学出版社，2020.
[6] 孔凡柱，赵莉. 员工招聘与录用 [M]. 北京：机械工业出版社，2018.
[7] 葛玉辉，孟陈莉. 招聘与录用管理实务 [M]. 2 版. 北京：清华大学出版社，2019.
[8] 尹利. 社交招聘 [M]. 北京：人民邮电出版社，2019.
[9] 边文霞. 招聘管理与人才选拔：实务、案例、游戏 [M]. 2 版. 北京：首都经济贸易大学出版社，2017.
[10] 王桂莲. 老 HRD 手把手教你做招聘：实操版 [M]. 2 版. 北京：中国法制出版社，2019.
[11] 吴文艳. 组织招聘管理 [M]. 3 版. 大连：东北财经大学出版社，2020.
[12] 薛莲. HR 员工招聘经典管理案例 [M]. 北京：中国法制出版社，2018.
[13] 水心，赵治国，张胜利. 招聘管理实操：资深 HR 手把手教你做招聘 [M]. 北京：人民邮电出版社，2020.
[14] 胡俊生. 智能招聘：人工智能浪潮下的招聘大变局 [M]. 北京：企业管理出版社，2020.
[15] 智道. 极致招聘：人才是引出来 [M]. 北京：电子工业出版社，2017.
[16] 汤伟娜，王蕾，刘晓芬，等. 人员素质测评实训教程 [M]. 大连：东北财经大学出版社，2022.